平凡社新書
863

21世紀の長期停滞論

日本の「実感なき景気回復」を探る

福田慎一
FUKUDA SHIN-ICHI

HEIBONSHA

21世紀の長期停滞論●目次

はじめに

近年、政府・日銀からは景気の順調な回復が示唆され、「デフレ脱却」が視野に入ってきたとの指摘も少なくない。

アベノミクス以降、労働市場では人手不足が顕在化し、各種の雇用関連指標が大幅に改善し、企業部門でも、収益の大幅な増加が顕著で、株価は大きく上昇している。財・サービスの需給逼迫度を示す「GDPギャップ（需給ギャップ）」もプラスに転じつつあり、数字上は、日本経済で長い間続いてきた需要不足がほぼ解消されつつあることが示唆されているからである。

ならば、なぜ、いま「長期停滞論」を改めて議論する必要があるのだろうか。

それは、政府・日銀による、異次元の金融緩和が拡大されるなかでも、さまざまな経済指標はバラ色のものばかりではないからである。深刻な人手不足が顕在化していても、賃金の上昇は限定的である。消費者物価指数など、物価上昇の足取りが依然として重いままである。さらに、より大きな問題は、多くの家計や企業の間で、「景気が本格的に回復しているという実感がない」という声が依然として根強いことにある。

今日の日本経済が抱える複雑な症状は、好調な経済指標だけをみて景気が回復したと結論づけることができるような、単純なものではない。日本経済は、過去の傷口が完全に癒えたとはまだまだ言えないのである。

かつてシュンペーター（Joseph A. Schumpeter）は、景気後退は、一時的には経済的な損失を生み、失業者や企業倒産を増やすが、同時に非効率な企業を淘汰する結果、その後は新しい発展に向けた道が整備されるという「創造的破壊」の概念を提唱した。

これは、適者生存競争を唱えるダーウィンの進化論と共通した考え方にもとづくものであり、景気後退は効率性が劣りながらも生き残った企業を自然淘汰することで、経済に浄化作用をもたらし、その後の経済発展に大きく貢献するという主張でもあった。

しかし、ヒステリシス（履歴効果、94ページ参照）が存在する場合、シュンペーターが主張した創造的破壊とは正反対に、景気後退は経済に大きな負の遺産をもたらす。これは、ヒステリシスがあると、現在の経済状態が、足元のショックだけでなく、過去に起こったショックに依存して決定されるからである。

本書で展開する長期停滞論は、この負の遺産の存在を重視し、21世紀に発生した深刻な景気後退には、創造的な側面は少なく、むしろ、今日の経済発展を遅らせる側面が大きかったと考える立場のものである。

リーマン・ショック級の大きな景気後退は、非効率な企業を淘汰するだけでなく、効率的な企業の多くを市場から退出させ、本来あるべきイノベーション（技術革新）を停滞させてしまったのだ。

「覆水盆に返らず」ということわざがある。一度こぼれた水は二度と盆に返らないことから、一度起きてしまったことは、二度と元には戻らないという意味で使われる。英語でも、「It is no use crying over spilt milk」（こぼれてしまったミルクについて嘆いても仕方がない）という、日本のことわざとほぼ同じ言い回しがある。

重要なのは、21世紀型の長期停滞論を考える上で、果たして、過去の停滞は「覆水盆に返らず」という性質のものなのかどうかという点にある。

仮に、「覆水盆に返らず」という性質を持つのであれば、リーマン・ショックなど大きな負のショックで発生した生産水準の低下は元に戻すことはできない。この場合、経済の真の実力は負のショックで大きく低下した生産水準を基準として考えるべきで、現在の生産水準が、かつての成長経路よりは低いままであっても、それをニュー・ノーマル（新常態）として受け入れ、その上で現在の経済状態が好況なのか不況なのか、あるいは供給不足なのか需要不足なのかを判断することが必要になる。

アベノミクスによって、日本経済の需要不足がほぼ解消されたとする論者の主張も、おおむねそのような考え方にもとづいている。

これに対して、過去の停滞が「覆水盆に返らず」に当てはまらないのであれば、生産水準が長期間にわたって低迷したとしても、適切な政策を施すことによって、元に戻すことが可能となる。その場合、経済の真の実力は、低迷したままの生産水準よりも高いと考えるのが自然である。しかも、現在の生産水準が、かつての成長経路より、低いままであれば、仮に新しい成長経路で生産の拡大が続いていたとしても、真の生産水準からみれば「需要不足」であると解釈することができる。

21世紀型の長期停滞論において、日本経済が依然として「需要不足」にあるとする根拠も、そのような考え方にもとづいているといえるだろう。一度こぼれた水を元に戻すことは決して容易ではない。しかし、回復することがまったく不可能と考えるか、それとも数多くの困難は伴うが回復の可能性があると考えるかによって、経済の現状認識はおのずと大きく違ってくる。

海外で長期停滞論を主張する論者（特に、米国の研究者）の間では、大胆な金融緩和や財政拡張を速やかに実施することが、21世紀型の長期停滞からの脱却には、もっとも有効であるとする考え方が一般的である。

しかし、日本経済が直面する深刻な構造問題に鑑みた場合、わが国で求められる政策は、極端な金融緩和政策や財政支出の拡大だけでは不十分である。むしろ、日本経済が抱えるもっとも深刻な構造的問題に抜本的にメスを入れ、それを大胆に変革していくことによって、多くの人々が持つ将来不安を解消していくことこそが、いまの日本には求められているのである。

バブル崩壊後の日本経済では、それ以前に規模や業務範囲を拡大した企業の多くが、不良債権問題や金融危機という負のショックが長引くなかで、縮小・撤退を余儀なくされた。2000年代前半には、そのような規模や業務範囲の縮小・撤退は、「ゾンビ企業」だけでなく、平時であれば正常な利潤を上げることができるはずの企業においても幅広く起こった。その結果、2000年代半ばに金融システムが回復し、経済が正常化した後も、本来であれば正常な利潤を上げることができたはずの企業ですら、活動が縮小されたままで、元に戻ることがないという事態が起きてしまったのだ。

しかも、多くの場合、コスト削減によって企業が潜在的に抱える下方リスクを減らすことを目指したものが多く、成長につながる将来を見据えた投資計画などは重視されない傾向にあった。その結果、再建を目指す多くの日本企業では、人件費や研究開発費の削減などコスト削減が行われる一方で、新技術や高度な知識を軸に創造的・革新的な経営を展開するための前向きの改革は進まなかった。

日本経済を再生し、長期停滞から脱却するには、バブル崩壊後、長らく続いてきたこのような一連の悪循環を断ち切り、日本経済が抱える構造問題を一つ一つ解決していくことが強く求められている。

その際に大事なのは、経済が発するプラスのシグナルではなく、マイナスのシグナルを注意深く捉える視点である。プラス成長の面だけみれば、現在の景気回復基調は2020年の東京オリンピックまで続く可能性も高い。

しかし、そうした成長のなかでも、日本経済には多くの不都合な真実が横たわっていることを決して忘れてはならない。近年では、日本と同様の長期停滞への懸念が他の先進主要国にも広がっている。そのような事態がなぜ発生しているのかを丁寧に検証し、その解決に向けてどのような処方箋が望ましいのかを真剣に考えていくことこそが、21世紀型の長期停滞論ではもっとも重要であろう。

第1章　「長期停滞」という新たな時代へ

21世紀型の長期停滞とは

近年、長期停滞に関する関心が新たに高まっている。その背景にあるのが、多くの先進国で高まる経済の現状への閉塞感である。数字の上では成長しても、実感が伴わない。それは、かつてわれわれが経験したことのない、さまざまな症状を伴うものである。そういった長期停滞への懸念が今日、多くの人々の間で広がっている。

なぜ経済が長期停滞に陥るのかというテーマは、必ずしも新しいものではなく、古くからさまざまな立場で議論が展開されてきた。

19世紀や20世紀前半には、世界各国で深刻な生産の下落を伴う「恐慌」がしばしば起きた。恐慌の下では、経済成長率が大幅にマイナスとなるだけでなく、市場メカニズムが大混乱となり、経済は機能不全に陥った。特に、1929年に発生した世界大恐慌では、米国で株価が80パーセント以上も下落し、工業生産の下落は三分の一以上にも及んだ。失業者の数は1200万人に達し、失業率は25パーセントにも跳ね上がった。

マルクス経済学は、これを資本主義に内在する矛盾と捉え、この矛盾によって資本主義は必然的に崩壊していくと考えた。また、ケインズ経済学では、市場の価格調整メカニズムは不完全な形でしか機能せず、このため労働市場で多くの失業が発生し、一国の総生産の深刻な下落が起こると考えた。

もっとも、本書で取り扱う最近の長期停滞は、これらマルクス経済学やケインズ経済学が考えた長期停滞とは、性質がまったく異なるものである。

最近の長期停滞では、恐慌下で起こったような大幅なマイナス成長は発生していないし、市場メカニズムが完全に機能不全に陥ったということもない。このため、本書では、近年多くの先進主要国で顕在化している停滞現象を「21世紀型の長期停滞」と呼び、その症状や原因を分析し、それに対する処方箋を考察していくことにする。

いま、なぜ長期停滞に対する懸念が高まっているのか。21世紀型の長期停滞とは、どのような特徴を持ったものなのか。また、これは懸念すべき深刻な問題なのか。長期停滞から脱却するには、どのような政策が必要なのか——。

これらの疑問に答えるのが、以下で展開する「21世紀型の長期停滞論」である。

戦後、世界経済が目覚ましい成長を遂げた結果、長期停滞は経済学において長らく主要な研究テーマではなくなっていた。それが21世紀になって、再び主要な研究テーマとして注目を浴びている。

きっかけは、2007年から2009年にかけて発生した金融危機や、それに伴う世界同時不況である。その後、日本だけでなく、世界各国で緩やかな生産の停滞と物価の下落（デフレ）を伴う長期停滞が懸念されるようになり、それに従って長期停滞論への関心がにわかに高まったといえる。

世界経済における戦後の繁栄から停滞へ

第二次世界大戦後、直後の混乱期を除けば、戦前期に頻繁に発生したような深刻な生産の下落を伴う恐慌は、先進主要国ではまったく発生しなかった。

むしろ、戦後、約五〇年間の世界経済は、多少のアップダウンを伴いながらも、目覚ましい経済成長を遂げてきた。しかも、その恩恵は、2000年代に入ると、先進国だけでなく、新興国にも拡大していった。その一方で、資本主義経済の対極として誕生した社会主義計画経済は、旧ソ連の崩壊などで、1990年代初めには、次々と崩壊していった。

シカゴ大学のロバート・ルーカスは、2003年の米国経済学会会長講演で、戦後の世界経済において、持続的な成長を実現する上でのマクロ経済学の役割を高く評価し、その進歩、とりわけ長期的な視野に立った供給重視策が大恐慌のような大惨事の再来を防ぎ、資本主義経済の繁栄をもたらしたと主張した（Lucas, 2003）。これは、もはや長期停滞論が経済学において主要な研究テーマでなくなったことを示唆するものであった。

戦後期の世界経済の目覚ましい成長が、マクロ経済学の進歩だけによるものかどうかは、議論が分かれるところかもしれない。また、持続的成長にマクロ経済政策が有効であったとしても、効果的な政策が、ルーカスが重視した供給サイドの政策であったのか、それともケインズ経済学が重視してきた需要刺激策であったのかは、学界でコンセンサスがあるわけではない。

ただ、戦後五〇年余りの間、資本主義経済が、深刻な危機に見舞われることなく、順調に成長を続けたことだけは、まぎれもない事実である。その意味において、資本主義は必然的に崩壊していくという心配は杞憂に終わったといえる。

しかしながら、先に述べた通り、2000年代前半まで持続的な成長を遂げていた世界経済も、2007年から2009年にかけての金融危機や、それに伴う世界同時不況が発生し、その後、世界各国で緩やかな生産の停滞と物価の下落（デフレ）が懸念されるようになった。

それは、深刻な生産の下落を伴う「恐慌」というものではなく、資本主義の崩壊を示唆するレベルのものではない。また、労働市場での失業の増加も限定的で、ケインズ経済学の考えた不況とも性質や症状は大きく異なっている。ただ、GDP（国内総生産）などの数字が示す以上に、景気回復の実感が湧かない経済状態が長期にわたって続き、それがなんとなく経済活動に悪影響を及ぼしている。

そういった状況が、「21世紀型の長期停滞」と呼ぶべき最近の長期停滞の典型的な症状として起こっているのである。

米国経済に与える生産性の低迷

一言で「長期停滞論」といっても、最近の長期停滞をめぐる議論には、大きく分けて二つの流れがある。

その一つが経済の供給サイドに注目する流れで、停滞の原因を供給能力の伸び悩みに求める考え方である。技術進歩の低迷が経済の供給能力の拡大を低下させ、それが最近の長期停滞につながっているのではないかという議論である。特に、ノースウェスタン大学のロバート・ゴードンは、技術進歩の限界が、今後の世界経済の成長に大きな足かせになっていると主張している（Gordon, 2016）。

ゴードンは、きわめて長期的な視野から議論を展開し、人類が持続的な成長を実現できるようになったのは、18世紀から19世紀に起きた産業革命以後であることに注目する。そのうえで、近年のＩＴ（情報技術）などの技術的ブレークスルーは、産業革命後に続いてきた技術革新と比べて大きく見劣りし、成長のエンジンとしては力不足だと考える。

人類は、産業革命後の２５０年間、目覚ましい経済成長を遂げてきた。しかし、この高成長は人類史上の例外的な期間で達成されたものにすぎず、今後、このような大きな技術進歩を期待することは難しいため、先進各国で成長率が大きく低下することは避けられないと指摘するのである。

人類の長い歴史を振り返れば、人口の一人当たりの所得の伸び率は、ほとんどの時代で非常に小さく、マルサスの人口論が示すように、経済成長は、もっぱら人口の増加によっていた。アンガス・マディソンによる長期のＧＤＰ推計でも、世界の一人当たりＧＤＰは、18世紀までほんのわずかしか拡大しなかったことが示されている（Maddison, 2007）。

18世紀後半にイギリスからはじまった産業革命という技術的ブレークスルーが、そのような成長の膠着状態を初めて一変させた。特にゴードンは、第二次産業革命（重化学工業部門での技術革新）が、経済や社会へきわめて大きなインパクトを与えたと論じる。

しかし、第二次産業革命がもたらした大きな生産性の伸びは、第二次世界大戦後の二五年間でピークに達し、その後、一時的な加速があったものの、再び鈍化している。

第二次産業革命がもたらした持続性のあるインパクトと比べると、ＩＴ時代の生産性へのインパクトはほとんど空騒ぎに等しい。コンピューターによる省力化の効果の多くは数十年前に実現され、その後、その効果も薄れてしまった。ゴードンは、生産性の伸びは向こう一〇〇年間低下し続け、米国経済に長期停滞をもたらすと論じる。

過剰貯蓄＝需要不足と長期停滞

最近の長期停滞をめぐるもう一つの、かつより有力な流れが、経済の需要サイドに注目する議論で、そこでは過剰貯蓄＝需要不足が長期停滞の原因であると考えられている。

その議論の火付け役の一人が、ハーバード大学のローレンス・サマーズである。元米国財務長官でもあるサマーズが改めて提起した長期停滞論（secular stagnation）は、２００

8年のリーマン・ショックによる世界同時不況の後、長期にわたる経済の低迷が、米国をはじめ多くの先進国で顕在化しつつあると警鐘を鳴らすものであった（Summers, 2014）。

サマーズが唱えた「長期停滞論」という言葉は、1938年に米国経済学会で行われたアルビン・ハンセン（当時、ハーバード大学教授）による会長講演（Hansen, 1939）に由来する。大恐慌の末期に行われた講演で、同氏は、過剰貯蓄などによる需要不足によって失業と低成長が続く時代がはじまったと、当時の米国経済に悲観的な見方を示した。しかし、この悲観論は、その直後に続く景気回復で杞憂に終わった。

だが、サマーズは、当時の警鐘が現在の先進国経済に当てはまるのではないかと指摘したのであった。ニューヨーク市立大学のクルーグマンやマサチューセッツ工科大学のブランシャールなども、同様の主張を展開している。最近の学界では、潜在成長率の低迷（供給能力の低下）よりも、サマーズらの過剰貯蓄（需要不足）による長期停滞論の考え方が主流となっている（最近の長期停滞論を明示的に取り扱った邦文の文献はそれほど多くないが、田代（2017）は数少ない文献の一つである。また、岡崎（2017）は歴史的な観点から長期停滞の可能性を論じている）。

加えて、これら長期停滞論者は、ケインズ経済学のように価格の硬直性やそれによる非自発的失業の発生を停滞の原因に求めてはいない。また、需要不足や過剰貯蓄の影響に焦点を当てつつも、停滞の原因を需要サイドにのみ求めてもいない。

むしろ、余剰供給を生み出す構造的問題（供給サイドの問題）が需要不足の問題（需要サイドの問題）と複合的な形で相互に関連しながら、長期停滞を生み出しているとする見方が一般的となっている。

特に、次章以下で詳しくみるように、バブル崩壊後に発生した過剰な資本・債務・雇用に加えて、新興国の台頭によって生まれた貯蓄過剰や国際競争力の激化など、最近の世界経済におけるさまざまな構造的問題が、新時代の世界的な長期停滞現象を説明する上で有効と考えているのだ。

米国の場合、長期停滞の懸念があるといっても、その経済の実力を示す潜在成長率は2010年以降2パーセントを超えると考えられており、1990年代後半以降はおおむね潜在成長率が1パーセントを割り込んだまま推移してきた日本経済からすれば、ややうらやましい心配ともいえる。

ただし、サマーズらの見立てでは、2010年以降の2パーセントを超える成長率は、過度に金融緩和に依存してようやく達成できたもので、「米国のGDPの水準は本来のも

1−1 サマーズによる米国経済の長期停滞(概念図)

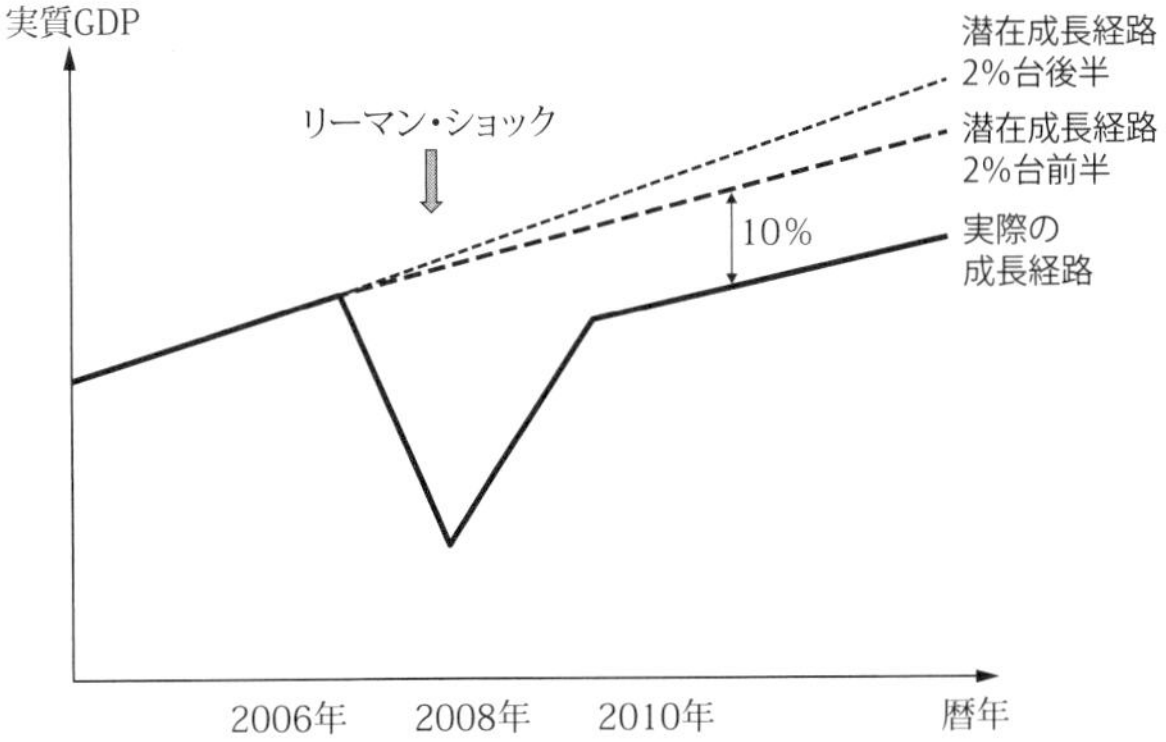

のよりも10パーセント程度低いままだ」と考える。現在の米国経済で、総需要刺激政策を全面的にやめれば、景気が再び腰折れしかねず、米国も、日本が「失われた20年」で経験したような長期にわたる経済の低迷に陥るリスクがあると警鐘を鳴らすものであった。

サマーズの懸念を示した概念図

サマーズが長期停滞の懸念を示した根拠は、概念図(1-1)を使うとわかりやすい。この図は、横軸に時間(暦年)、縦軸に実質GDP(物価の影響を取り除いたGDP)をとり、リーマン・ショック後の米国における実質GDPの値に関して、いくつかの仮想実験(シミュレーション)を行っている。

この概念図の大きな特徴は、リーマン・ショック前の潜在成長率が、仮にいまも続いていた場合、現在の実質GDPの水準はどれくらいが適切かを示していることにある。

図中の実線（太線）は、実質GDPの実現値の推移を示したものである。実現値といっても概念図であるため、実際の実質GDPの短期的な変動を平準化し、デフォルメした折れ線グラフで、その動向をわかりやすく示してある。

この図からもわかるように、リーマン・ショック前、米国の実質GDPは年率2パーセント台後半の高い成長トレンドを保っていた。それが、2008年秋のリーマン・ショックで一時的に大きく落ち込み、その後、急回復したのち、2010年頃から年率2パーセント台前半の成長トレンドを保っている。

一方、二つの点線は、リーマン・ショックで実質GDPが大きく落ち込む直前の2006年頃の時点を起点として、その後、リーマン・ショック前の成長トレンド2パーセント台後半を保った場合と、2010年以降の成長トレンド2パーセント台前半を保った場合、それぞれに関して想定される実質GDPの成長経路を示したものである。

図から明らかなように、いずれのケースでも、実線で表される実質GDPの実現値は、リーマン・ショック直後だけでなく、それから急回復した2010年以降も、点線で表される水準から下方に大きく乖離している。

リーマン・ショック前の成長トレンド２パーセント台後半は、米国経済の実力を過大評価していた可能性が高いため、実質ＧＤＰの実現値が成長トレンド２パーセント台後半を前提とした点線より下方に乖離しているのは、それほど不自然ではない。

むしろ注目すべきことは、仮に成長トレンドを２パーセント台前半と低めの前提をおいた場合でも、実線で表される実質ＧＤＰの実現値は点線より下方に大きく乖離していることである。サマーズが、「米国のＧＤＰの水準は本来のものよりも10パーセント程度低いままだ」と考えた根拠は、低めの前提をおいた場合でさえも、乖離幅が実質ＧＤＰの約10パーセントと想定されたからである。

リーマン・ショックで顕在化した金融危機や世界同時不況は、経済にとって大きな負のショックであり、それが潜在成長率（成長トレンド）を２パーセント台後半から２パーセント台前半へ低下させたと考えるのは自然である。しかし、もしそうであれば、実線で表される実質ＧＤＰの実現値は、危機からの回復過程で２パーセント台前半を前提とした点線へと徐々に近づき、乖離幅がほぼゼロになっていくはずである。ところが、実質ＧＤＰ

の実現値は、急回復した後は点線とほぼ平行に推移し、実質GDPの約10パーセントもの乖離幅を維持したまま、2パーセント台前半を前提とした点線に近づく傾向をみせていない。

このことは、本来は実質GDPの水準への影響が一時的であったはずの大きな負のショックが、急回復した後も永続的に続いていることを示唆している。これこそが、サマーズが「長期停滞」と呼んだ米国経済の症状である。

「ニュー・ノーマル（新常態）」とは、リーマン・ショックなど一連の危機の前後で生じた構造的な変化を経て、経済活動に新たな常態が生じているという考え方である。

リーマン・ショックで顕在化した金融危機や世界同時不況が、経済に大きな構造的な変化をもたらしたことは間違いない。ただ、その影響がGDPの水準を恒常的に下落させるものなのか、それともGDPの水準を危機前より一時的に低下させただけなのかによって、その後の経済の見方は大きく異なる。

サマーズは、構造的な変化は成長トレンドを危機前より低下させたものの、GDPの水準を恒常的に下落させるものではないとし、危機前の成長経路より低下したGDPの水準の現状こそが、「長期停滞」の症状を示すものだと考えたのであった。

大きく下回る先進主要国の実質ＧＤＰ

　これまでは概念図を用いて、サマーズが「米国経済は長期停滞にある」と考えた根拠を説明した。しかし、当然のことながら、同様の結果は、実際の実質ＧＤＰの値を用いたグラフでも描くことができる。しかも、それは米国だけでなく、ほとんどの先進国に関して確認することができるのだ。

　図（１‐２）は、カナダ、フランス、ドイツ、米国、イタリア、日本、英国の先進７か国に関して、それぞれの実質ＧＤＰの値を２００５年第１四半期の値を１００に基準化して、グラフに描いたものである。

　これらの国々は、いずれもＧ７と呼ばれる主要先進国のメンバーである。これら７か国のなかで、もっともパフォーマンスが悪いのがイタリアで、リーマン・ショックによる生産の落ち込みからは一時的に回復したものの、その後、低迷が続いている。

　イタリアの場合には、長期停滞というより、危機的な経済状況が続いているという表現が適切である。逆に、もっともパフォーマンスが良いのがカナダで、リーマン・ショックによる生産の落ち込みから速やかに回復しただけでなく、２０１２年頃には、ほぼリーマ

1－2　先進7か国の実質GDPの推移

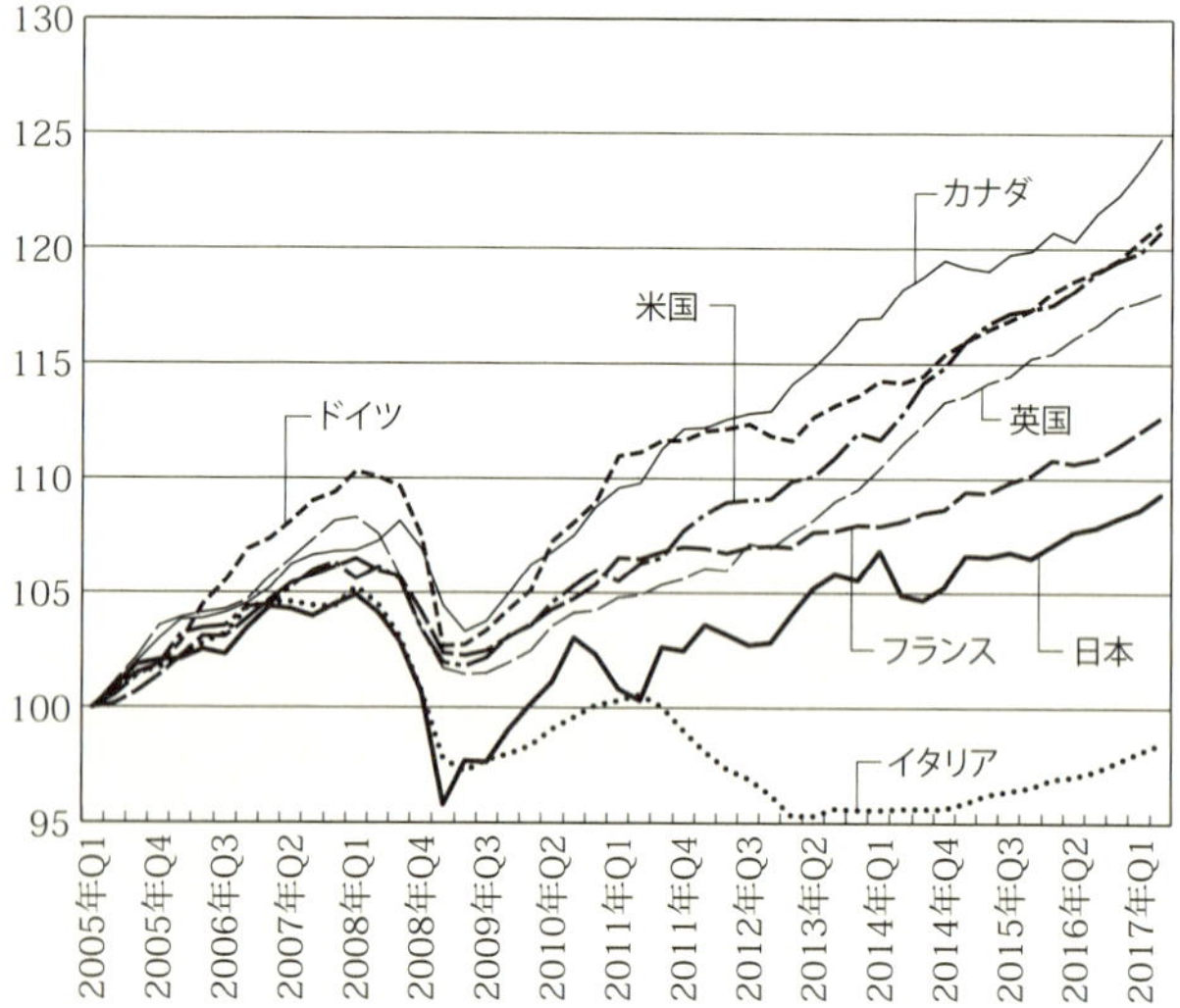

注：横軸のQ1、Q2、Q3、Q4はそれぞれ、各年の第1四半期、第2四半期、第3四半期、第４四半期を表す。
出典：OECD（経済協力開発機構）*Main Economic Indicators.*

ン・ショック前の成長経路に戻っている。

　これに対して、それ以外の国々はいずれも、リーマン・ショックによる生産の一時的な落ち込みから急回復し、プラスの成長トレンドを維持しているものの、その回復過程で実現された実質GDPは、リーマン・ショック前の成長トレンド（リーマン・ショック前の平均成長率がそのまま続いたならば、実現したであろう実質GDP）を大きく下回っている。

すでに概念図（1－1）でみた通り、米国は、一時的な落ち込みから急回復した後は、年率2パーセントを超える成長率を維持しているものの、そこで実現された実質GDPは、リーマン・ショック前の成長トレンドを10パーセント以上も下回っていた。

また、ドイツも、回復過程で年率2パーセント近い成長率を実現しているものの、やはり実現された実質GDPは、リーマン・ショック前の成長トレンドを大きく下回っている。フランスや英国は、成長率自体、リーマン・ショック前後のいずれにおいても、米国やドイツよりも低い。しかし、フランスは、2012年にはリーマン・ショック前の実質GDPを回復し、その後も安定した成長率を維持している。また、英国も、リーマン・ショック前の水準への回復はやや遅れたものの、2013年以降の平均成長率は、米国やドイツと同様に年率2パーセントを超えた。

ただ、これら欧州諸国における実質GDPも、米国と同様に、リーマン・ショック前の成長トレンドを依然として大きく下回っている。その意味で、サマーズが指摘した長期停滞の議論は、欧州諸国においても同様に当てはまるといえる。

日本は、イタリアのように危機的な状況にあるわけではないものの、主要先進国のなかでは、リーマン・ショック後の経済の落ち込みからの回復がもっとも遅れた国の一つである。2014年にはリーマン・ショック前の実質GDPを回復し、その後も安定した成長率を維持しているとはいえ、実質GDPの水準は依然としてリーマン・ショック前の成長トレンドからは大きく下方に乖離したままである。

サマーズが指摘した長期停滞の議論は、イタリアを例外とすれば、先進主要国のなかでは日本がもっとも深刻であったといえるかもしれない。

長期停滞と低インフレ、低金利

これまでみてきたような、リーマン・ショック後に多くの主要先進国で観察されるようになった長期停滞（21世紀型の長期停滞）では、戦前期にしばしば観察されたような深刻な生産の下落を伴う「恐慌」は発生していない。むしろ、イタリアなどを例外とすれば、どの国も、リーマン・ショックから回復した後は、マイナス成長に陥ることは稀で、平均すると安定した成長率を保っている。

しかし、GDPの水準をみた場合、依然として回復が不十分で、リーマン・ショック前の成長トレンドからの大きな下方への乖離が長期にわたって続いている。プラスの安定成長の下でも、本来の実力よりかなり低い所得水準が長期間続くという特徴が顕著となっているといえる。

加えて、最近の長期停滞には、二つの顕著な特徴が共通してみられる。

第一は、低インフレ状態が超金融緩和にかかわらず長い間続いていることである。先進国の中では、日本が、１９９０年代半ば以降、四半世紀以上にわたって物価がほとんど上昇していない、特異な低インフレ国である。一方、欧米諸国は、２０００年代前半まではむしろインフレの発生は懸念材料で、高インフレの発生をいかに抑制するかが政策のテーマであった。

しかし、リーマン・ショックが発生した２００８年秋頃を境として、日本だけでなく、欧米諸国でも、インフレ率が2パーセントを割り込む傾向が顕著となり、低インフレが顕在化している（1－3）。

世界同時不況の発生を受けて、主要先進国の中央銀行は、ゼロ金利政策や量的緩和政策など、未曾有の思い切った超金融緩和政策を採用した。本来、大胆な金融緩和を行えば、大きなインフレが起こってもおかしくないはずである。しかし、異次元の金融緩和を行っている国々でも、物価の上昇は非常に緩やかなものにとどまっている。

これらの国々でも、リーマン・ショック直後を除けば、物価が下落するという意味では

1－3　先進主要国のインフレ率の推移

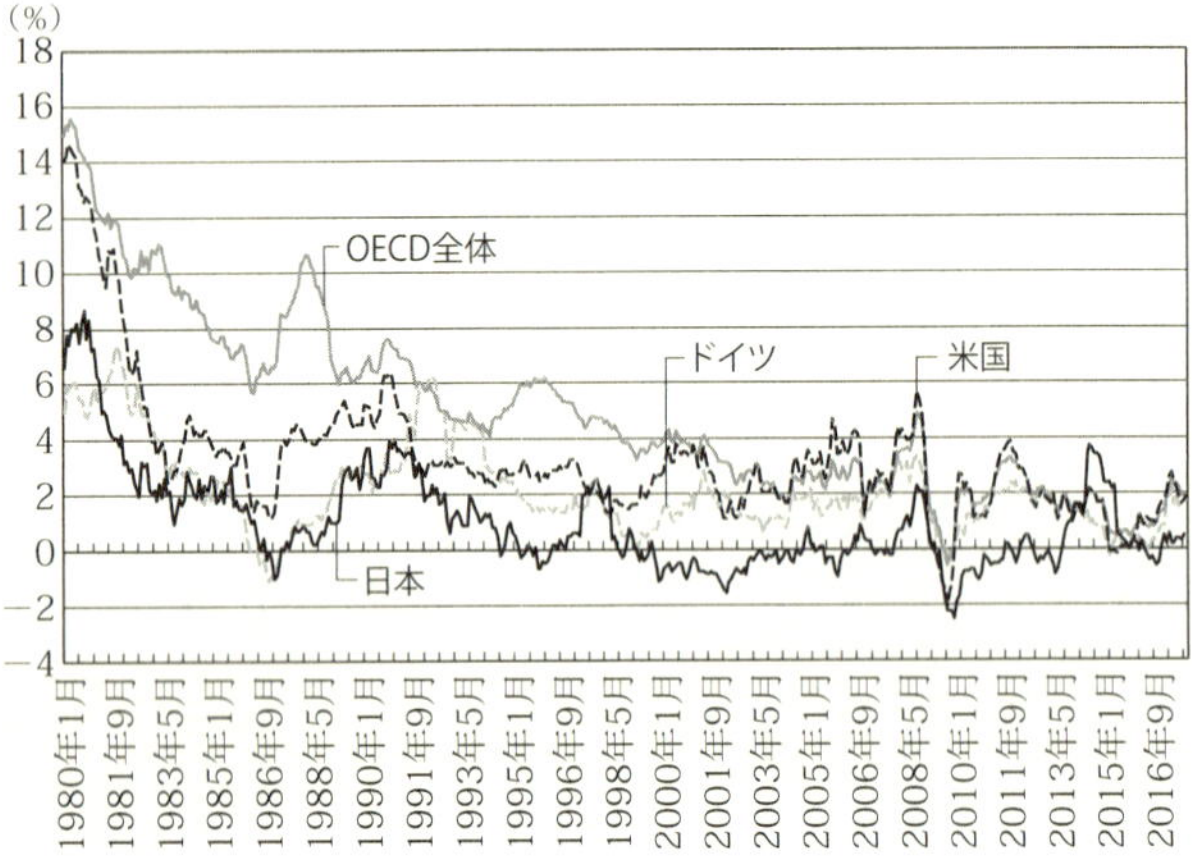

出典：OECD（経済協力開発機構）*Main Economic Indicators.*

「デフレ」が顕在化することはなかった。

しかし、欧米諸国の経済がリーマン・ショックから大きく回復していくなかでも、多くの国々で低インフレ現象が続いている。低インフレの継続は、最近の長期停滞の大きな特徴の一つである。

さらに、第二の特徴として、金利がほぼゼロとなり、最近ではマイナスになることがある。

低金利が長期間にわたって続いている点に関しても、日本が、１９９０年代半ば以降の四半世紀以上も短期金利がほぼゼロの状態にあるという意味で、やはり先進国のなかでは特異な国である。

一方、欧米諸国は、かつては短期金利で

1−4　先進主要国の短期金利の推移

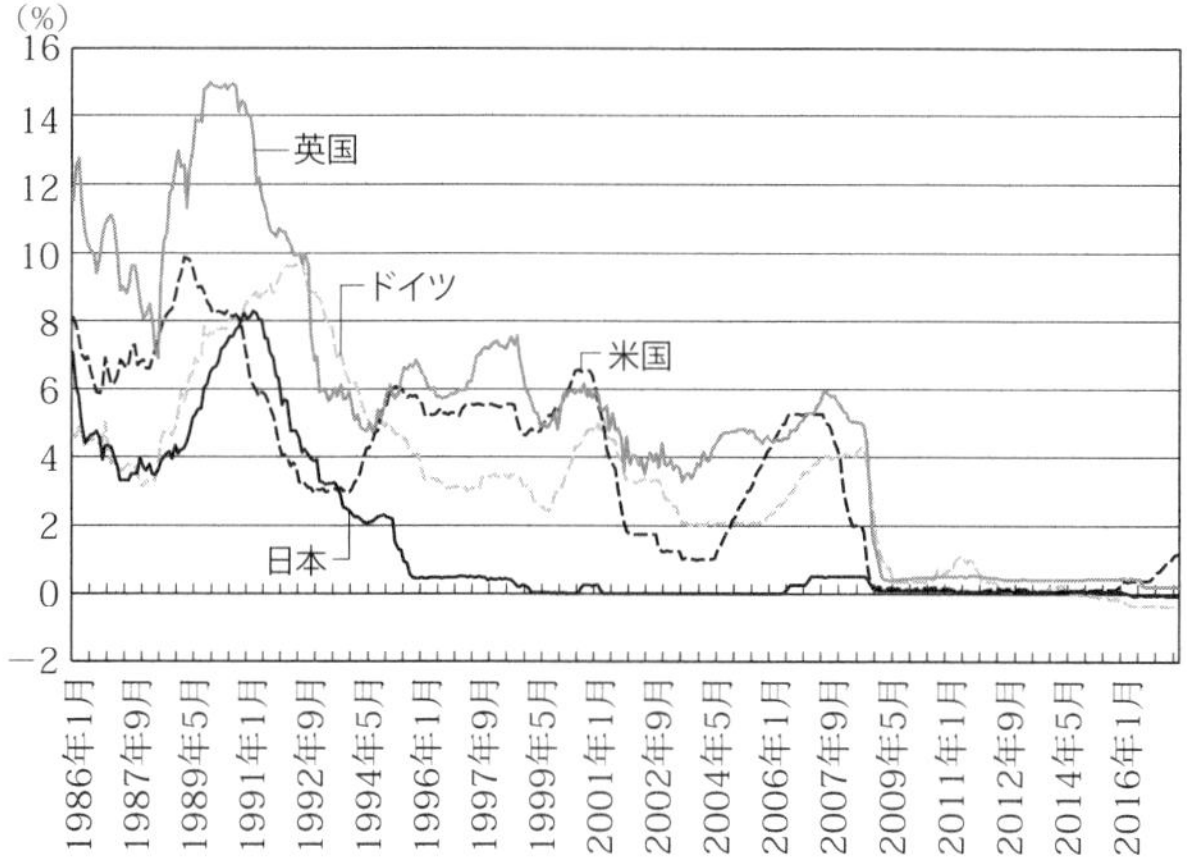

出典：OECD（経済協力開発機構）*Main Economic Indicators.*

あっても十分に高い水準で推移し、２パーセントを割り込むことは稀であった。リーマン・ショック前までは、欧米諸国では金利の調整はおおむね正常に機能していたといえる。しかし、リーマン・ショックを境として、日本だけでなく、欧米諸国でも、短期金利が実質的にゼロとなり、低金利が顕在化している（1－4）。

名目金利（物価上昇などを加味しない表面上の金利）には、ゼロ未満になりにくいという「非負制約（ゼロ制約）」があり、欧米諸国でも短期金利が実質的にゼロとなることで、その調整機能が失われてしまったといえる。このような超低金利の直接の原因は、リーマン・ショック後に、ゼロ金利政策が先進主要国の中央銀行によって採用されたことにある。

しかし、ゼロ金利に近い状況は、短期金利だけでなく、長期金利にも広がっている。このことは、各中央銀行が採用したゼロ金利政策だけでなく、長期停滞下で過剰貯蓄によって経済全体の資金供給が資金需要を上回った結果として、金利が大幅に低下している面が少なくないと考えられる。多くの先進国で、過剰貯蓄は家計部門だけでなく、企業部門にも広がっている。また、超低金利下にもかかわらず、多くの先進国で貸し出しの伸び悩みが顕著になっている。

最近の長期停滞論で重視されるのは、完全雇用の下で経済全体の資金の需給を一致させる実質利子率に相当する「自然利子率」が、マイナスとなっていることである。

自然利子率は、19世紀末にスウェーデンの経済学者ヴィクセル（J. G. K. Wicksell）が提唱した概念で、さまざまな市場の需給が瞬時に調整される場合に成立する実質利子率として定義される。各商品の需給が一致するため、自然利子率は望ましい資源配分を実現するための実質利子率の水準といえる。

経済が正常な状態である限り、自然利子率はプラスとなる。しかし、経済状況が極端に悪化すると、自然利子率はマイナスになることがある（わが国の自然利子率がマイナスかどうかに関する議論では、岩田ほか編著（2016）が有益である）。

最近の長期停滞論では、いくつかの要因で、自然利子率が長期にわたってマイナスになっている可能性が高いことが指摘されている。初期の研究では、その原因を消費者の時間を通じた選好に対する変化に求めるものが多かった。

しかし、最近の研究では、消費者の選好の変化よりも経済の構造的な要因が、マイナスの自然利子率を生み出す上で重要だという主張が一般的となっている（従来の主張に関しては Eggertsson and Woodford（2003）が、また最近の研究では Eggertsson and Mehrotra（2014）が代表的なものである）。マイナスの自然利子率を反映して、短期金利だけでなく、長期金利がほぼゼロとなり、最近ではマイナスになることすらある。このことが、21世紀型の長期停滞の大きな特徴の一つである。

第2章　なぜ、長期停滞は起こったのか

需要不足から捉える長期停滞論

第1章でみてきたように、リーマン・ショック後に多くの主要国で起こった長期停滞（21世紀型の長期停滞）には、本来の実力より低いGDP水準が長期間続くという特徴に加えて、「低インフレ」と「低金利」という状態が共通してみられた。

このような特徴を持つ長期停滞は、ゴードンらが指摘する生産性の低迷など供給サイドの問題と無縁ではないものの、貯蓄過剰＝需要不足が主たる要因となって発生したと考えるほうが自然である。

なぜなら、生産性の低下など供給サイドの制約が低迷の原因である場合、不況とインフレが同時進行するスタグフレーションと呼ばれる現象が発生し、低インフレにはならないからである。サマーズらが指摘するように、総貯蓄が総投資を上回る（すなわち、総供給が総需要を上回る）貯蓄過剰が発生している場合に、不況とデフレが同時進行する長期停滞の特徴をより整合的に説明することが可能となる。

もっとも、長期停滞の原因を貯蓄過剰＝需要不足という需要サイドに求める場合でも、なぜ貯蓄過剰＝需要不足が発生し、それがどのような形で長期停滞につながるかのメカニズムを考察することは大切である。特に、貯蓄過剰＝需要不足が、なぜ21世紀になって、ほぼ同時に各国で顕在化するようになったのかという視点が重要である。

主要先進国の多くは、第二次世界大戦後、多少の浮き沈みはあったものの、基本的には順調な成長を遂げてきた。それが、最近（特に、リーマン・ショック後）になって、共通して長期停滞が懸念されるようになっている。このため、長期停滞の原因を貯蓄過剰＝需要不足に求める場合でも、なぜ最近になってそれが先進主要国に共通して顕在化してきたのかを説明する必要がある。

また、需要不足や貯蓄超過の背後には、さまざまな構造的な問題があることを考慮することも重要となる。21世紀になって顕在化した構造的な問題が複雑に相互作用したことで、需要不足や貯蓄超過が発生し、それが21世紀型の長期停滞を生み出してきたといってよい。

以下では、このような観点から、長期停滞を生み出す貯蓄過剰＝需要不足の原因と考えられるいくつかの異なる構造的な要因を、順を追って検討していくことにする。

頻度を増すバブルの発生と崩壊

長期停滞をもたらす貯蓄過剰＝需要不足を生み出した第一の要因が、予期せぬバブルの崩壊という大きな負のショックの影響である。

株価や地価など、資産価格がその本来の価値から乖離して急騰するバブルの発生とその崩壊は、歴史的に何度も繰り返されたことである。しかし、かつては経済全体を巻き込むような深刻なバブルが発生するのは、一〇〇年に一度、あるいは五〇年に一度といったペースであった。ところが、近年、バブルが発生し、そして崩壊する頻度は増加する傾向にある（なぜ近年金融危機が頻繁に起こるのかを多角的に論じたものとしては、櫻川・福田編著（2013）がある）。

その一因には、技術の進歩で金融取引の高速化がますます進んでいることがある。金融工学が発達し、複雑な金融商品が組成された結果、資産価格が異常な動きをしはじめても、それを人間が認識してコントロールすることが難しくなってきている。

その結果、ちょっとしたショックで過度に資産価格が乱高下する傾向が強まり、それがバブルの発生と崩壊を頻発させる一つの要因になっている。2008年秋のリーマン・ショックは、そのようなバブル崩壊の典型的なものであった。

2010年には、欧州各国で国債価格が暴落する欧州危機も発生した。頻発するバブルの崩壊という予期せぬ大きな負のショックは、経済に深刻な需要不足と過剰供給をもたらすことが知られている。

バブルが発生して資産価格が高騰した際には、設備投資が活発となり資本が蓄積される。しかし、ひとたびバブルが崩壊すると、その大半が一気に不要になってしまう。

このため、バブル崩壊後、供給サイドでは、各企業で資本設備が過剰となり、経済に過剰供給が発生する。その一方、需要サイドでは、保有する金融資産の価値が下落した影響で個人消費が低迷すると同時に、業績が悪化した企業の多くが設備投資を控えるようになる。その結果、総需要が大幅に減退し、経済全体が需要不足に陥ることになる。財市場では、需要不足による財の超過供給が発生し、低インフレやデフレが発生する。また、金融市場では、貯蓄過剰が発生し、金利は大幅に低下することになる。

バブルの発生には、一時的に停滞する経済を活性化する側面がある。しかし、バブルが発生することによる深刻な問題は、資産価格の急騰が生み出す資源配分の歪みもさることながら、その崩壊が通常は不可避で、価格暴落によって実体経済に多大な悪影響を及ぼすことにある。その結果、バブルの発生・崩壊を経験した国では、低インフレと低金利を伴った長期停滞が発生するのである。

毀損する金融機関の健全性

もっとも、バブルの崩壊が経済に深刻な影響を与えるのは、それによって貸し出しが不良債権化するなど、金融機関の財務内容の健全性が大きく毀損する場合である（この点に関しては、福田（2013）の第7章と第8章を参照していただきたい）。

バブルが発生して資産価格が高騰した際には、金融機関は貸し出しを大幅に増加させる傾向にある。これは、バブル期には、借り手である企業や個人の所得が大幅に増加するだけでなく、借り入れの担保となる土地などの資産価値が高騰するからである。また、リーマン・ショック以前の米国の金融市場では、信用を元に自己資本を大きく上回る規模の資金を動かす取引が活発となり、金融機関のレバレッジ（他人資本への依存度）が大きく拡大していた。そうしたなかでバブルが崩壊すると、ひとたび増加した貸し出しの多くは回収不能となり、不良債権化する結果、金融機関の健全性は大きく毀損することとなるのだ（リーマン・ショック以前の米国における信用拡大に関する議論としては、Eggertsson and Krugman（2012）や Mian and Sufi（2014）の議論が興味深い）。

金融機関の健全性の悪化は、二つのルートを通じて、経済に需要不足・超過供給をもた

2−3　先進主要国の人口動態

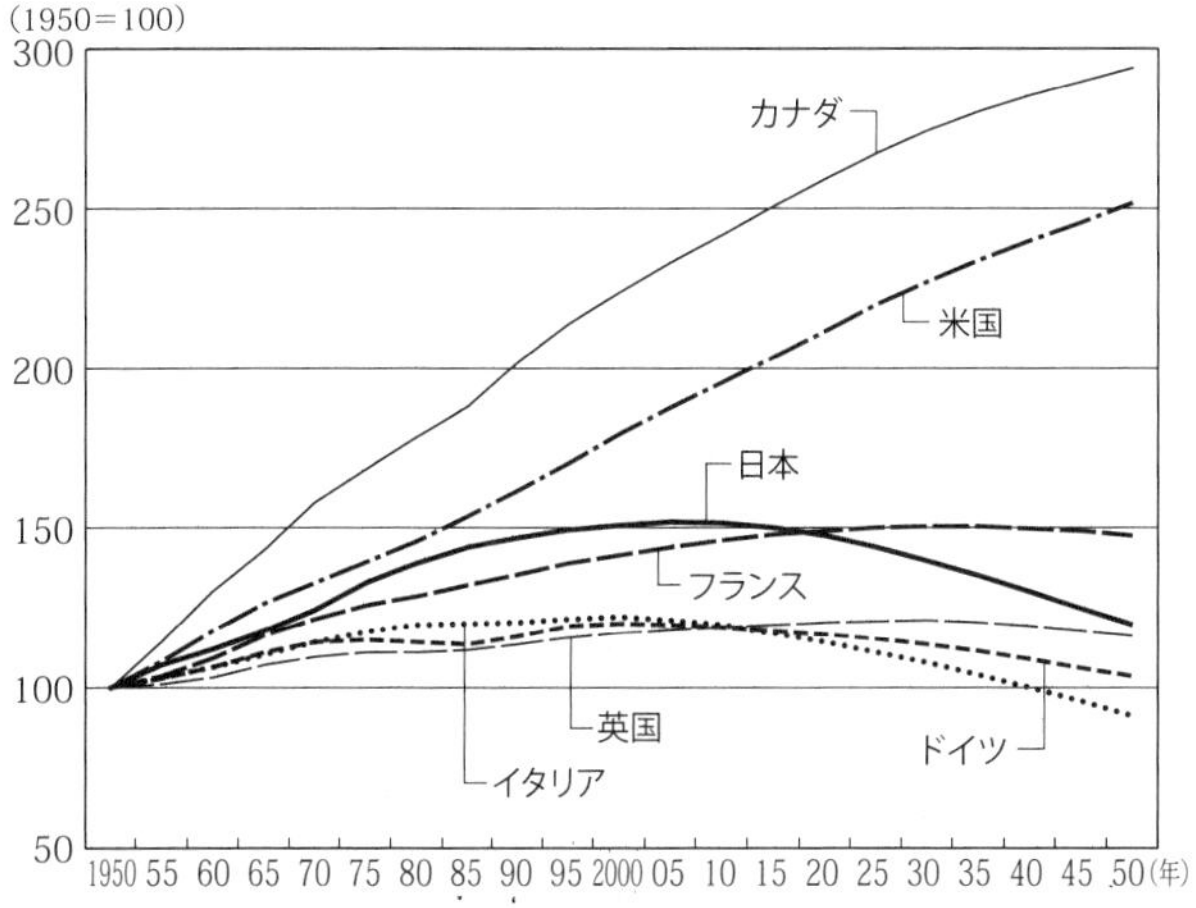

出典：UN（国際連合）*World Population Prospects*：*2000*。日本については、総務省「国勢調査」、国立社会保障・人口問題研究所「日本の将来推計人口」(2002年1月)

く減っていくことが見込まれている（2－3）。これらの国々では、今後は人口減少が経済成長の制約となる「人口オーナス（重荷、負担）」といわれるデメリットを経験することになる。また、今後も人口の増加が見込まれる米国やカナダといった国々でも、高齢化が急速に進行することは確実で、それが経済成長の足かせとなる可能性は高い。

人口減少や高齢化の進行は、マクロ経済に二つのルートを通じて影響を与える。

第一のルートが、供給サイドを通じ

た影響である。総人口が減る経済では、生産に従事する労働人口も減る傾向にあるので、その分、経済全体の供給能力は低下する。労働人口の増加は、技術進歩とともに、経済が持続的に成長するための重要な源泉である。労働人口の減少は、人手不足を顕在化させ、成長の大きな足かせとなる可能性がある。特に、高齢化が進行する経済では、介護など労働集約的な産業のウエイトが高まる傾向にあり、人手不足がより深刻になる可能性がある。

第二のルートが、需要サイドを通じた影響である。総人口が減少すれば、その分、消費者の数が減少するため、経済全体の消費金額は減少する。特に、高齢者一人当たりの消費金額は、若者一人当たりの消費金額よりもかなり小さいことが知られている。このため、少子化の進行で若者の人口が減少すれば、仮に高齢者の人口は減らなくても、それだけ経済の総需要は減少することが予想される。また、人口減少により、国内消費が減少することが見込まれれば、企業は国内向けの設備投資を控え、それだけ経済の総需要の減少に拍車がかかることも予想されるのである。

貯蓄過剰＝需要不足による長期停滞の問題を考える際に重要となる視点が、これら二つのルートを通じた影響の相対的な大きさを比較した場合、需要サイドを通じた影響が供給サイドを通じた影響より大きいと考えられることにある。

これは、供給側のほうは労働人口が減っても機械化・IT化で代替できるのに対して、需要側の方は、代替が利かず人口が減った分だけ需要が減るからである（学術書ではないが、藻谷（2010）が論じているデフレの要因は、このような観点に近いものである）。とりわけ、近年はロボットの開発やAI（人工知能）の発達もあって労働節約型の技術の進歩が著しく、労働人口が減っても供給サイドへの影響は軽減される傾向が強まっている。その一方、人口減少や高齢化で、総需要の減少は確実に進行している。

その結果、21世紀の先進国における人口減少は、経済に需要不足をもたらし、デフレ圧力を伴う長期停滞を生み出すことになる。

世界的な所得格差の拡大

長期停滞をもたらす第四の要因が、世界的な所得格差の拡大である。

戦後、長い間、所得格差は、ほとんどの先進国で大きく縮小する傾向にあった。しかし、ピケティがその著書『21世紀の資本』（Piketty, 2014）で示したように、より最近の先進国のデータを調べてみると、1980年頃を境に所得格差は逆に拡大している。特に、ピケティは、人口の上位1パーセントの階層に所得と富が集中するという傾向が、米国や英国などの国々で顕著となっていることを明らかにした。21世紀に入り、資本主義経済では、資本の収益率が経済成長率を上回ることで、所得格差がますます拡大する傾向にあるといえる。

近年、賃金が伸び悩むなかで、金融緩和で資産価格を大きく上昇させる政策は、資産を持つ者と持たない者の格差を広げ、富の集中を生み出す懸念を引き起こしている。また、同じ労働者の間でも、高学歴者とそれ以外、正規と非正規などの違いで、賃金格差が拡大しているという指摘がある。そして、そのような所得の不平等化が、経済全体として貯蓄超過を生み出し、低インフレや低金利をもたらしているというのである。

一般に、消費性向は低所得者であればあるほど高い傾向にある。これは、人々が日々の生活を送るためには、所得水準にかかわらず必要な消費水準（基礎消費）が存在するからである。一方、基礎消費が所得に占める比率は、所得が高くなるほど小さくなるため、高所得者は所得が上昇しても、その多くを貯蓄に回してしまう傾向にある。

このため、所得格差が拡大し、一国の富の大半がごく一部の富裕層に集中すると、経済全体としても富の大半が消費されず、貯蓄される傾向が強まることになる。その結果、経済全体として過剰貯蓄や需要不足が発生し、21世紀型の長期停滞へとつながっていく。

その他の要因も無視できない

これまで指摘した要因以外にも、技術の急速な進歩によって資本財の価格が大きく下落したことが、21世紀になって貯蓄過剰＝需要不足の傾向に拍車をかけているという指摘もある。

たとえば、過去数十年間におけるコンピューター価格の下落は著しいものがある。このような大幅に価格が下落した資本財への投資は、仮に大規模に行われたとしても、金額ベースでは総需要への貢献は小さくなる。また、投資に必要な金額も大きくないことから、金融市場において資金需要も低迷する。その結果、財市場で超過供給が発生して、デフレと生産の下落が進行すると同時に、金融市場では資金の超過供給が発生し、金利が低下すると考えられるのだ。

また、21世紀になって世界経済の不確実性が増すなかで、企業の経営者が将来に対して慎重になっている点を指摘する論者もいる。

本来、競争力が低下する恐れがあるときには、技術革新によって価格競争で打ち勝つことが望ましい。しかし、近年、先進国でみられるのは、当面の利益を確保するためにリストラなどコスト・カットを行う傾向である。その結果、企業は、設備投資を抑制すると同時に賃金もなかなか上げられない。賃金が上がらなければ消費も低迷して、設備投資の低迷とともに、一国全体としては総需要の低下をもたらす。それが、やはり低インフレを伴う長期停滞につながることになる。

このように、需要不足や貯蓄超過の背後には、さまざまな構造的な問題が存在していることを考慮する必要がある。

21世紀になって顕在化した、さまざまな構造的な問題が複雑に相互作用したことで、需要不足や貯蓄超過が発生し、それが21世紀型の長期停滞を生み出してきたといってよいだろう。

第3章　日本の「実感なき景気回復」

「失われた20年」の教訓

1990年初頭のバブル崩壊以降、日本経済が二〇年以上にわたり低迷した期間は、「失われた20年」と呼ばれることが多い。サマーズが提起した長期停滞論は、日本が「失われた20年」で経験したような長期にわたる経済の低迷が、他の先進国でも顕在化しつつあると警鐘を鳴らすものであった。

今日、長期停滞は、日本のみならず、世界経済全体でも懸念材料となり、「日本化」現象と呼ばれる長期停滞のメカニズムの解明が、多くの先進国の共通のテーマとなっている。しかし、長期停滞の持続性という点からすると、日本が先進主要国のなかでもっとも低迷が深刻な国の一つであることに変わりはない。

かつて、日本の目覚ましい経済成長に世界的な注目が集まった時代があった。1952年から1972年の二〇年間にわたる高度成長時代の実質成長率は、年平均で10パーセント近くに達し、世界経済あるいは先進主要国の平均成長率と比べても、さらには戦前の日本経済の平均成長率と対比しても、際立っていた。

さらに、高度成長が終わり安定成長へと移行した1970年代以降であっても、バブルが崩壊する1990年代初頭までは、日本の経済成長率は他の先進主要国の成長率を大きく上回った。

しかし戦後、長い間、高い経済成長率を維持してきた日本経済は、バブルとその崩壊を経て低迷の時代へと突入する。

バブル崩壊後、最初の「失われた10年」では、銀行の不良債権処理の遅れが大きな足かせとなり、1990年代後半には深刻な金融危機が発生した。一方、次の「失われた10年」では、不良債権処理は進んだものの、企業の構造改革の遅れから、生産性や価格競争力の低下が顕著となり、1990年代と同様、経済成長率は先進主要国のなかでもっとも低い国にとどまってしまった。

特に、米国のサブプライム問題やリーマン・ショックを端緒に2008年秋以降に世界同時不況が発生すると、日本経済は深刻な打撃を受け、その後の回復も諸外国と比べて遅れが際立つものであった（日本の「失われた20年」の詳細に関しては、福田（2015）を参考にしていただきたい）。

今日、世界の目には、かつてのような日本経済に対する羨望のまなざしはもはやない。

むしろ、日本の経験を反面教師として、「日本経済が犯した過ちを繰り返さないためにはどうすればよいか」という点に関心が集まっているのである。

実感なき景気回復

２０１２年12月に発足した第二次安倍政権の経済政策「アベノミクス」は、低迷する日本経済を活性化し、デフレ経済からの脱却によって、わが国の持続的な成長の実現を目指したものであった。

大胆な金融緩和、機動的な財政出動、民間投資を喚起する成長戦略を「三本の矢」とするアベノミクスによって、長い間、デフレに苦しんできた日本経済にも、ようやく回復の兆しがみえてきたという期待が高まっている。とりわけ、２０１３年４月にはじまった日銀による異次元の金融緩和政策（量的・質的金融緩和）は、さまざまな経済指標を大きく改善させた。

株価の上昇は、その象徴的なものである。２０１２年11月初めには、９０００円を割り込んでいた日経平均株価は、第二次安倍政権発足から約半年後の２０１３年５月には１万５０００円を突破し、２０１５年４月には２万円を突破した。

実体経済に目を向けても、企業収益や雇用など重要な経済指標が大幅な改善をみせている。さらに、回復が遅れ気味であったGDP（国内総生産）も、2016年以降は物価変動の影響を除いた実質ベースで増加が続き、民間予測では、2017年度の成長率が経済の実力を示す潜在成長率を大幅に上回るとの見通しも広がっている。

しかし、その一方で、多くの家計や企業では、「景気が本格的に回復しているという実感がない」という声は依然として根強い。

内閣府が毎月実施している「景気ウォッチャー調査」は、地域の景気を観察できる立場にある人々へのアンケート調査で、地域ごとの景気動向を的確かつ迅速に把握する上で有益な基礎資料である。その調査結果をみると、アベノミクスの下でも、景気回復の実感が人々に十分に浸透しているとは言い難い状況が続いているのである。

「景気ウォッチャー調査」における景気の現状判断（方向性）を示すDI（ディフュージョン・インデックス）は、人手不足を反映して雇用関連は改善の目安となる50を大きく超えているものの、家計動向関連や企業動向関連のDIは、GDPのプラス成長が続くなかでも50前後で推移し、明確な改善の兆候はみられない（3-1）。

3－1　「景気ウォッチャー調査」における景気の現状判断DI

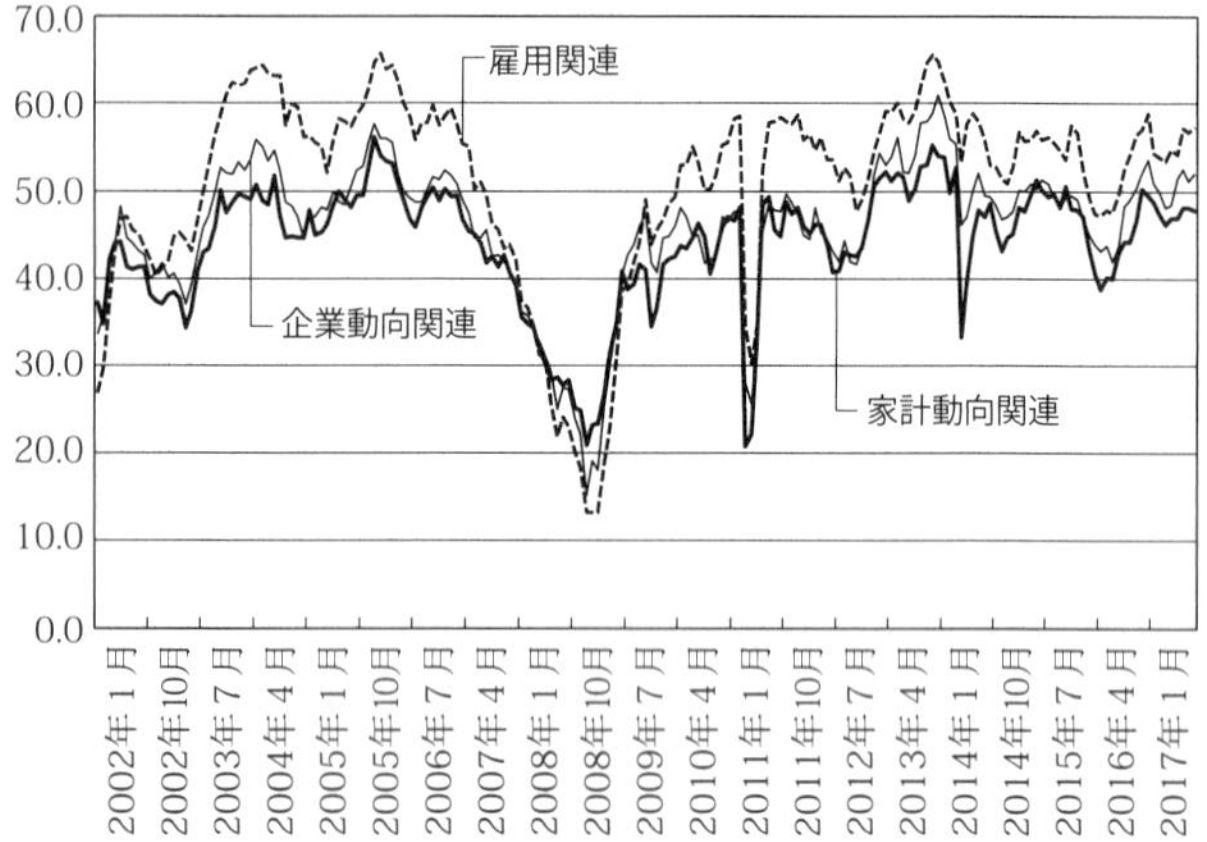

注：DIは、「良い」「やや良い」「変わらない」「やや悪い」「悪い」の判断に、それぞれ＋1、＋0.75、＋0.5、＋0.25、0を与え、構成比（％）を乗じて算出したものの季節調整値。
出典：内閣府

回答の内訳をみても、家計と企業いずれにおいても、景気の現状判断（方向性）を「変わらない」とする回答がほとんどの月で半数以上を占めており、景気が「良くなっている」とする回答は全体のわずか1パーセントから3パーセントにとどまる傾向が続いている。

各種の経済指標が数字の上では改善をみせても、人々の実感に近い「景気ウォッチャー調査」では、本格的に景気が回復しているとは受け取られていないのが実情である。

インフレ目標2パーセントは超えられない

「実感としての景気回復」は依然とし

て低いままであり、その症状はインフレ率の低迷に、より明確に表れている。

通常、景気が回復すれば総需要が増加するので、一般物価は上昇し、インフレが発生する。しかし、日本では、日銀が2パーセントのインフレ目標の実現に向けて異次元の超金融緩和政策を続けているにもかかわらず、消費者物価の本格的な上昇はいまだみられない。このような物価の現状に鑑みても、日本経済が本格的に長期停滞から脱却し、持続的な経済成長を実現しつつあるとは言い難いといえる。

図（3－2）は、2000年代に入ってからの消費者物価指数のインフレ率（前年同期比、％）の推移を、「コア指数（生鮮食品を除く総合）」および「コアコア指数（食料（酒類を除く）およびエネルギーを除く総合）」に関して、それぞれグラフに表したものである。ただし、2014年4月の消費税5パーセントから8パーセントへの引き上げによる物価の上昇は、実体経済の動向とは無関係であるため、図中の2014年度のインフレ率は消費税の影響を取り除く試算値で示している。

図中の二つの指数の動きから共通していえることは、日本の消費者物価指数のインフレ率がほとんどの時期で2パーセントを大きく下回って推移しており、アベノミクスがはじまってからも「低インフレ」の状態が基本的には続いていることである。特に、その傾向

3−2　2000年代の消費者物価指数の上昇率

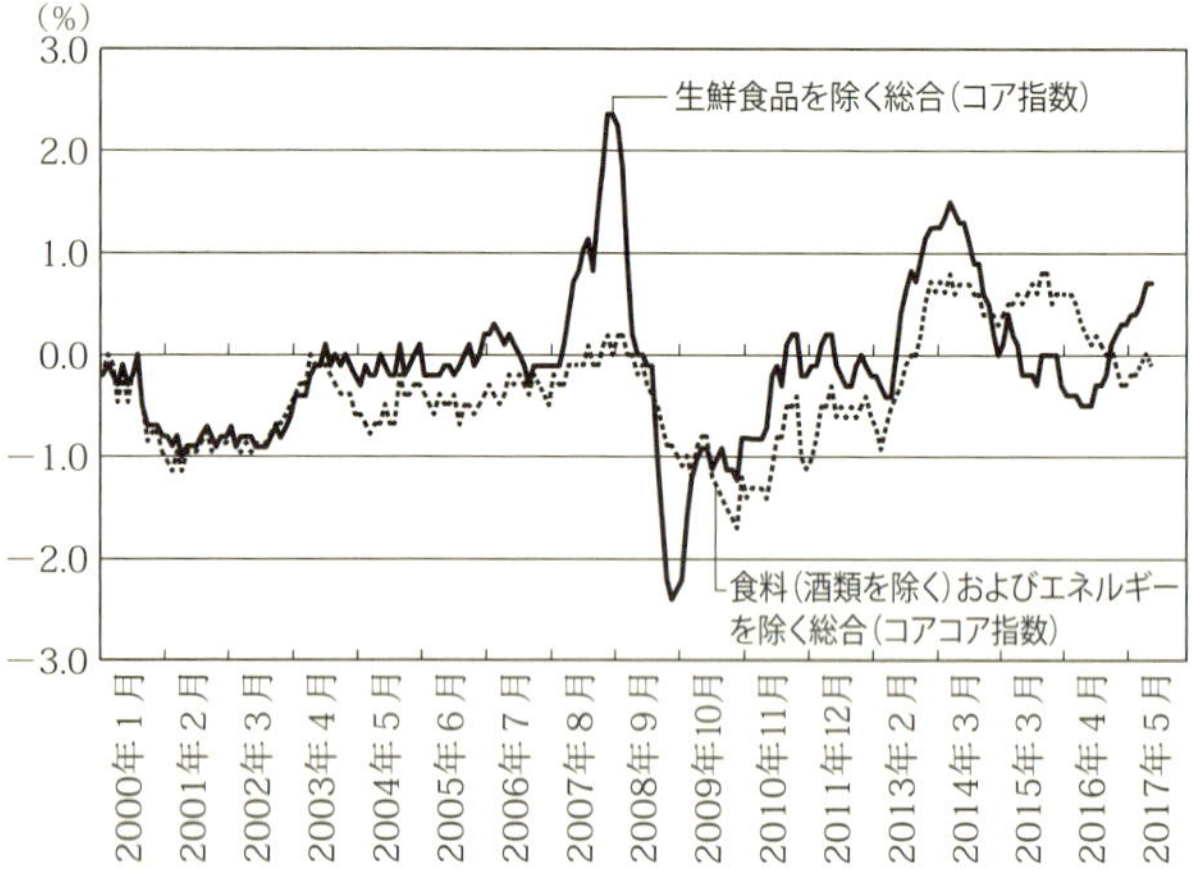

出典：総務省統計局

は、エネルギー価格の影響を取り除いたコアコア指数のインフレ率で顕著である。

エネルギー価格を含むコア指数は、２００８年夏頃の原油価格の高騰が影響して、２パーセントを超える上昇率を記録した。また、２０１３年末から２０１４年にかけて、円安による輸入物価の上昇の影響で、コア指数のインフレ率は１パーセントを超えた。これに対して、エネルギー価格の影響を取り除いたコアコア指数のインフレ率の動きをみると、２０００年代のほとんどの時期で、わずかながらマイナスの値をとっている。２０００年から２０１７年の間でコアコア指数のインフレ率がプラス０・３パーセントを超えたのは、２０１３年11月から２０１６年7月だけである。

２０１３年秋以降、アベノミクスが、円安の影響もあって消費者物価の引き上げに一時的に寄与したのは事実である。ただ、アベノミクスの下でも、日銀が設定した2パーセントのインフレ目標の実現への道のりは遠い。しかも、２０１６年夏以降、コアコア指数のインフレ率は逆に大きく低下し、２０１７年にはマイナスに転じてしまった。２０１７年は多くの経済指標が景気回復を示しているにもかかわらず、物価は超低インフレに逆戻りしたことになる。

このようなコアコア指数のインフレ率の動向は、日本経済が本格的に長期停滞から脱却したとは言い難いのではないか、とする主張の大きな根拠となっている。

なぜ、物価は上がらないのか

アベノミクスの下で各種の経済指標が改善するなかで、なぜ物価が上がらないのかということに関しては、大きく分けて二つの考え方が存在する（わが国で物価が低迷する要因を多角的に論じたものとしては、渡辺編（2016）がある）。

一つが、経済の回復がまだ不十分で、依然として残る需要不足のために、物価が上がらないというものである。21世紀型の長期停滞論は、そのような考え方の代表的なものである。この考え方に従えば、改善を示す経済指標は経済の実態を十分に反映しておらず、物価が上がらない「低インフレ」の症状こそ、経済の実態が回復していない証左ということになる。

もう一つの考え方が、景気は十分に回復し、需要不足もほぼ解消されているが、人々の「デフレ・マインド」が依然として根強いために、物価が上がらないというものである。この考え方に従えば、経済の実態は各種指標が示す通りに改善しているが、人々がそれを十分に認識せず、インフレ期待（予想インフレ率）を高めないために、「低インフレ」が続いていることになる。

一般に、消費者や企業は、瞬時に、経済全体の一般物価水準の動向を正確に把握することはできない。また、消費者や企業は、足元の物価の動向だけでなく、これからの物価の動向に注意を払いながら行動する。

このため消費者は、高いインフレ期待を持てば、値上がりしても財・サービスを購入する一方で、低いインフレ期待しか持たなければ値上がりする財・サービスの購入は控える傾向がある。また、企業側でも、人々のインフレ期待が高いと感じれば価格を引き上げやすいと思う一方で、インフレ期待が低いと思えば価格の据え置きや値下げが必要となると考える。

その結果、インフレ期待が高ければ実際のインフレ率も高くなる一方で、インフレ期待が低ければ実際のインフレ率は低くなる傾向が生まれるのだ。

第二の考え方は、このような期待を通じたインフレ率への影響を重視したものである。ただ、この考え方を文字通り解釈すれば、「低インフレ」の症状から抜け出せないのは、人々の気分だけの問題ということになる。実体経済は十分に回復しているわけなので、人々が気分を変えてインフレを予想するようになりさえすれば、「物価は上がりはじめ、経済はより好循環となる」という主張が成立する。

日銀の異次元緩和に関する「総括的検証」

日本で「低インフレ」が続く主たる理由として、第二の考え方、すなわち、根強い人々の「デフレ・マインド」を重視しているのが、日銀である。

日銀は、２０１３年４月以降、「量的・質的金融緩和」という異次元の金融緩和を行ってきた。その結果、実質金利が下落するなど金融環境は改善し、各種の経済指標も回復した。しかし、異次元の金融緩和にもかかわらず、日銀が掲げる2パーセントの「物価安定の目標」は実現できていない。しかも、2014年夏以降、インフレ率が低下する傾向すらみられる。そのような2パーセントのインフレの実現を阻む要因を理解するには、需要不足ではなく、「予想インフレ率の動向が重要」というのが日銀の立場である。

日銀の見解は、2016年9月の金融政策決定会合後に公表された「異次元緩和」に関する「総括的な検証」で丁寧な説明がなされている。

そこで日銀は、実際のインフレ率が低下した原因として、原油価格の下落、新興国経済の減速、不安定な国際金融市場といった対外的な要因を指摘すると同時に、もともと「適合的な期待形成」の要素が強い予想インフレ率が横ばいから弱含みに転じたことの影響が重要であったと指摘する。

ここで、「適合的な期待形成」とは、人々のインフレ期待が足元の現実のインフレ率によって修正されるというものである。すなわち、現実のインフレ率がこれまでのインフレ期待を上回れば、人々はインフレ期待を高める一方で、現実のインフレ率がこれまでのインフレ期待を下回れば、逆に、人々はインフレ期待を低下させるというのが「適合的な期待形成」である。したがって、このような考え方の下では、現実のインフレ率が低いとそれだけインフレ期待も低くなる。

わが国では、2014年夏以降、原油価格の下落や新興国発の市場の不安定化など外的要因で、現実のインフレ率が低下した。そのような現実のインフレ率の低下が、「適合的な期待形成」の人々のインフレ期待をこれまで以上に引き下げ、現実のインフレ率の低下をさらに加速させたというのが日銀の見方である（このような日銀の論点をより深く理解する上では、「総括的検証」補足ペーパーである西野・山本・北原・永幡（2016）が有益である）。

2パーセントの「物価安定の目標」を実現するためには、インフレ期待を引き上げる必要がある。しかし、実際のインフレ率が当面低い水準で推移するなかにあって、需要不足がほぼ解消されている下でも、「適合的な期待形成」の要素が強いインフレ期待の引き上げには不確実性があり、2パーセントの「物価安定の目標」を実現するためには時間がかかると日銀は考えているのである。

日本のGDPギャップ

政府・日銀が、アベノミクス以降、需要不足がほぼ解消されたと判断する理由は、いくつかの経済指標にもとづいている。

財・サービス市場が超過供給にあるか超過需要にあるかを示す「GDPギャップ（需給ギャップ）」は、その代表的な指標の一つである。

GDPギャップは、一国の供給能力を表す潜在GDP（y^*）と実際のGDP（y）の差を反映して、

$$\text{GDPギャップ}=(y^*-y)\div y^*$$

として定義される。定義から、GDPギャップがマイナスのとき財・サービス市場は超過供給（需要不足）の状態になり、プラスのとき財・サービス市場は超過需要の状態になる。このため、GDPギャップがマイナスでなければ、需要不足は解消されていると判断することが可能となる（研究者でも、翁（2015）などが同様の観点から需要不足の存在に否定的である）。

わが国のGDPギャップは、内閣府と日銀によって推計が行われている。2000年以降の内閣府と日銀による推計結果をそれぞれみてみると（3-3）、いずれのGDPギャップも、2001年から2003年にかけて比較的大きなマイナスの値をとっていた。ま

3−3　内閣府と日銀によるわが国のGDPギャップ

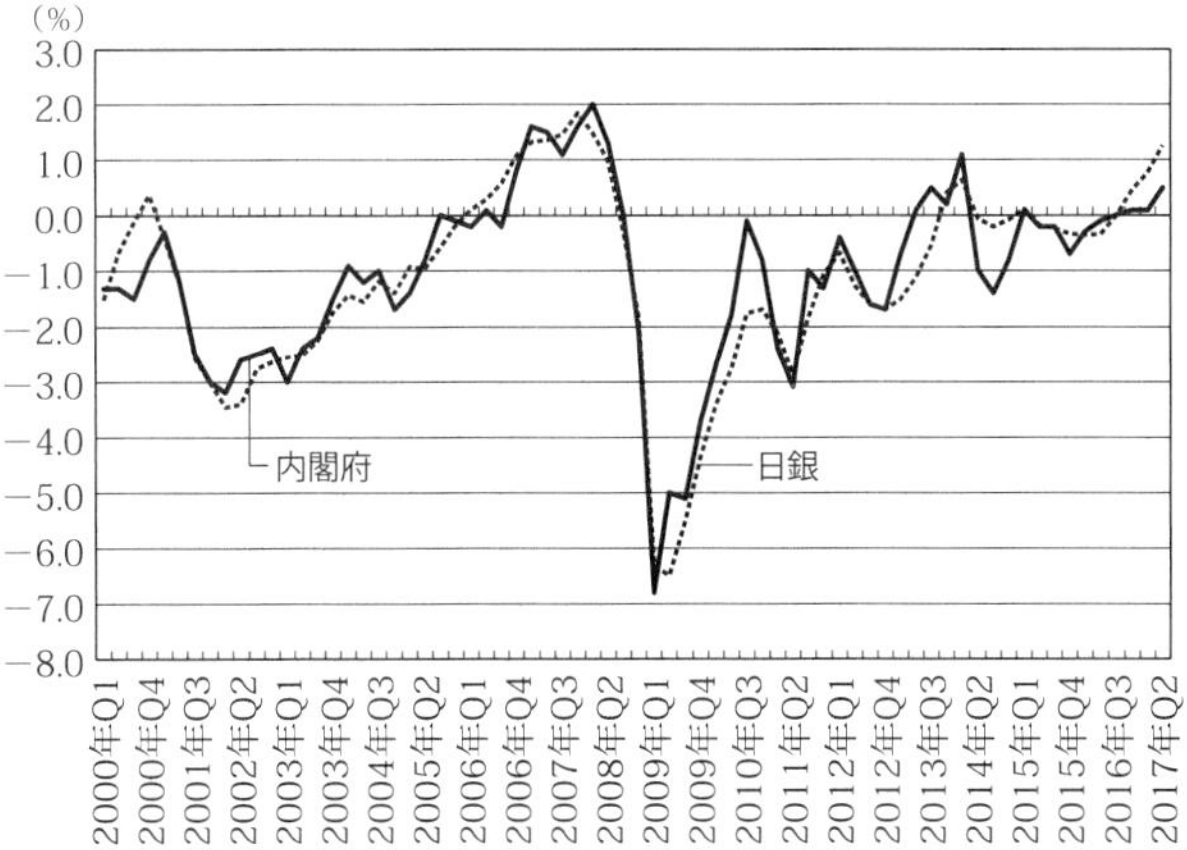

出典：内閣府および日本銀行

た、リーマン・ショックの影響で２００８年第４四半期から２０１０年第２四半期まで大きくマイナスの値をとっただけでなく、２０１０年以降も２０１２年までは、マイナス幅は縮小したものの依然としてマイナス圏で推移した。

このようなGDPギャップの動きは、アベノミクスがはじまるまでは、日本経済ではしばしば需要不足が発生し、それがデフレの原因となっていたことを示唆している。２００１年から２００３年にかけて消費者物価指数が年率１パーセント近く下落した原因や、２００９年から２０１０年にかけて消費者物価指数が年率１パーセント近く下落し、その後も緩やかな下落が続いた原因が、マイナスのＧＤＰギャップ、すなわち需要不足にあったと判断することが可能となる。

しかし、２０１３年以降、政府・日銀によるＧＤＰギャップの推計値では、そのマイナス幅（需要不足）はほぼ解消されている。特に、日銀によるＧＤＰギャップの推計値は、わずかにマイナスの値をとることはあっても、ほぼゼロ近傍に推移し、２０１６年第４四半期以降はプラス幅を拡大させている。

このＧＤＰギャップの推計値をみる限り、アベノミクスがはじまって以降の日本経済は、需要不足がほぼ解消されていることになる。このことは、内閣府や日銀によるＧＤＰギャップの推計が正しければ、アベノミクス以降の低インフレは、需要不足が原因ではないことを意味する。

特に、２０１７年は、日銀によるＧＤＰギャップはプラス幅を拡大しており、同時に起こった消費者物価のコアコア指数の低下を需要不足では説明できないことになる。

人手不足や企業の高収益は続いている

政府・日銀が、需要不足はほぼ解消されていると判断する根拠は、ＧＤＰギャップ以外の経済指標にも存在する。労働市場における強い雇用関連の指標は、その一つである。たとえば、厚生労働省が発表する「有効求人倍率（季節調整値）」は、２０１０年以降ほぼ一貫して上昇を続け、２０１３年11月以降は１を上回って推移している。特に、２０１７年６月には１・５を超え、バブル期のピークである１９９０年の水準を超える高さとなった。

有効求人倍率は、全国で仕事を探す人一人当たりに対して何件の求人があるかを示すもので、この数値が１より大きい場合に労働市場は需要超過（人手不足）、小さい場合に労働市場は供給超過（人手過剰）と判断できる。このため、有効求人倍率が１を大きく上回れば上回るほど、労働市場で人手不足が一段と強まっていることになる。

２０１７年６月には、正社員の有効求人倍率でさえも２００４年に統計を取りはじめて以来、初めて１を超え、企業が長期の視点で人手を確保するため、正社員の求人も増やしていることが明らかとなっている。

同様のことは、総務省が発表する「完全失業率」においても確認できる。完全失業率（季節調整値）は、２０１０年には５パーセントを超えていたが、２０１３年夏には４パーセントを、２０１７年には３パーセントを下回った。

求人があっても職種や年齢、勤務地などの条件で折り合わずに起きる「ミスマッチ失業率」は、近年では3パーセント台とする推計結果が一般的である。完全失業率の3パーセント割れは、働く意思のある人なら誰でも働ける「完全雇用」状態にあることを示しているといえる。失業率をみても、雇用情勢は「売り手市場」の様相を強めていることが明らかである。

企業の収益の大幅な増加も、アベノミクス開始以降、需要不足がほぼ解消されていることをサポートする指標である。

特に、上場企業では、2013年度以降、業績を大幅に拡大させているところが多く、通常行っている業務で得たもうけを示す経常利益や、最終的なもうけを示す連結純利益は過去最高を更新する企業が増えている。

たとえば、財務省が発表する『法人企業統計』では、資本金10億円以上の大企業の経常利益は、金融業、保険業を除く全産業ベースで、2012年度は26兆円足らずであったが、2013年度が約35兆円、2014年度が約37兆円、2015年度が約40兆円、2016年度には約42兆円と、アベノミクス開始以降、毎年着実に増加している。収益の改善は税引前当期純利益でより顕著で、同様の全産業ベースで、2012年度は約20兆円であったものが、２０１６年度は約38兆円と、４年間で約１・９倍となった。

大企業の収益の拡大は、収益力を測る尺度である総資本経常利益率（ＲＯＡ）や自己資本経常利益率（ＲＯＥ）でもみられる。『法人企業統計』における資本金10億円以上の企業のＲＯＡやＲＯＥは、金融業、保険業を除く全産業ベースで、２０１２年度はそれぞれ３・６および８・４であったが、２０１３年度にはそれぞれ４・６および10・８に上昇し、２０１６年度にはそれぞれ５・１および11・５に達している。

この数字は、欧米の大企業に比べると依然として低いものの、資本金10億円以上の企業（金融業、保険業を除く全産業ベース）の平均的なＲＯＡはバブル期のピークを上回っている。大企業の収益の大幅な増加は、アベノミクス開始以降、経済が回復したことを示す指標といえるだろう。

だが、需要不足は本当に解消されたか

これまでみてきたように、ＧＤＰギャップに加えて、労働市場では強い雇用関連の指標が、また企業部門では収益の大幅な増加が、需要不足をほぼ解消していると政府・日銀が

判断する重要な材料となっている。

しかし、アベノミクス以降でも、さまざまな経済指標がバラ色のものばかりではないことには注意が必要である。今日の日本経済の症状は、好調な経済指標だけをみて需要不足がほぼ解消されていると判断できるほど、単純ではないのである（このような日本経済に対する視点は、海外の研究者の間ではむしろ主流である。たとえば、Hausman and Wieland, 2014）。

まず労働市場では、強い雇用関連の指標が労働需給の逼迫や人手不足の顕在化を示唆しているにもかかわらず、賃金の伸びは勢いを欠いている。

たとえば、厚生労働省『毎月勤労統計調査』にもとづいて、30人以上事業所のすべての労働者（就業形態計）の賃金の動向をみてみると、労働者が受け取るあらゆる報酬を示す「現金給与総額」は、リーマン・ショック直後の2009年以降ほとんど上昇しておらず、2016年の値は、2006年と比べて4パーセント以上も下落したままである。特に、物価の影響を取り去った実質賃金で現金給与の総額をみた場合、2016年の値は2011年の値と比べても約4パーセントも下落している。

このような平均的な賃金の伸び悩みの原因の一つには、パート労働者が大幅に増加したことが挙げられる。正社員より賃金水準が低いパート労働者を中心に雇用が増えれば、全体的な賃金上昇圧力は高まりにくい。実際、対象をフルタイムの労働者である一般労働者に限定した場合、現金給与総額の２０１６年の値は、２００９年の値と比べて約３・８パーセント、２０１２年の値と比べて約２・６パーセントそれぞれ上昇している。

しかし、フルタイムの労働者に限定して現金給与総額の推移をみた場合でも、年率に換算すれば、その上昇率は１パーセントを大きく下回るもので、仮にパート労働者が増加した影響を取り除いたとしても、平均的な賃金が決して大きく上昇しているとはいえない状況が続いているのだ。

本来、労働市場で需給が逼迫すれば、賃金が大きく上昇するはずである。このため、賃金の伸び悩みが続いていることを考えれば、アベノミクス開始以降、本当に経済の需要不足が解消されたといえるのかに関して、大きな疑念を抱かざるを得ない。

同様の相矛盾する経済指標は、企業部門でも観察されている。企業収益が大幅に増加したことはすでにみた通りであるが、企業の収益が拡大すれば、通常は設備投資の増加という好循環が期待される。しかし、企業の設備投資は、以前よりは回復したとはいえ、力強さを欠いている。その一方で、企業部門の貯蓄超過ないし資金余剰は高止まりし、現預金の積み上がりが続いている。

通常、収益が増加すれば、企業は規模を拡大させるため、資金余剰を減らし、積極的に設備投資を推進するはずである。このため、設備投資の伸び悩みや資金余剰の蓄積が続いていることは、賃金の伸び悩みと同様に、本当に経済の需要不足が解消されたといえるのかどうかに関して、大きな疑念を呈する材料となっている。

第4章　長期停滞論からみた日本の景気

先進主要国の消費者物価

世界のなかで、日本ほど長期にわたって物価がほとんど上昇していない国はない。図（4－1）は、1991年以降の米国、ドイツ、および日本の消費者物価の推移を、世界と先進国の平均的な消費者物価の推移とともに示したものである。比較を容易にするため、図ではすべて、1995年の消費者物価指数の値を100に基準化している。

過去二〇年余りの間に、世界の物価は2・5倍以上に上昇している。先進国に限っても、物価は約1・5倍になっている。これに対して、日本では、物価はわずか2・5パーセントしか上昇していない。しかも、このわずかな上昇分は、消費税が2014年に5パーセントから8パーセントへ引き上げられたのを反映したもので、消費税の影響を除けば、日本は過去四半世紀近くの間、物価はほとんど変化していないことになる。

先進国のなかでは、米国が平均をやや上回り、過去二〇年余りの間に物価が60パーセント超の上昇を示している。また、先進国で比較的物価が安定していたドイツでさえ、物価は35パーセント余り上昇している。このような他の先進国の動向に鑑みても、二〇年以上にわたって物価がほとんど上昇しない日本の状況は、異常であったといえる。

4−1　先進主要国の消費者物価水準の推移

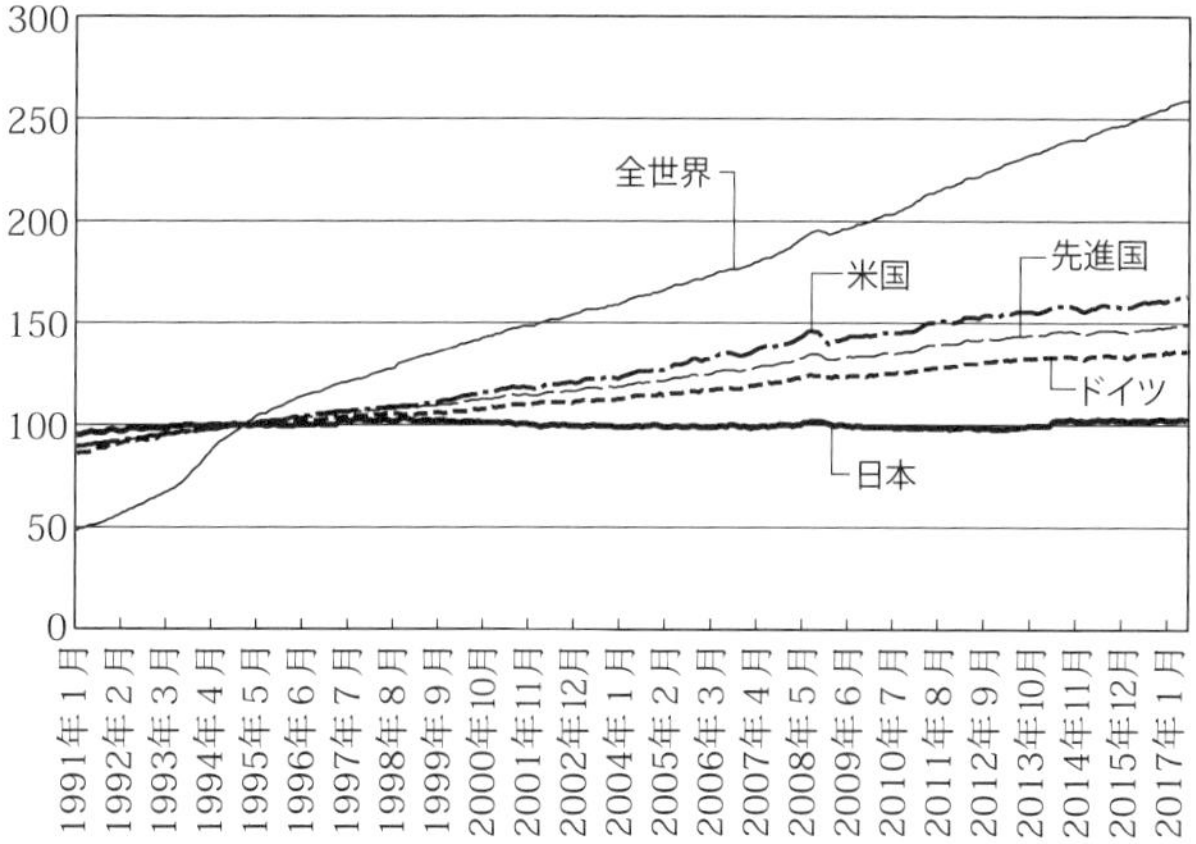

注：数字は1995年1月＝100とした場合の値。
出典：IMF（国際通貨基金）*International Financial Statistics.*

もちろん、物価の上昇は、マクロ経済に必ずしも望ましい影響ばかりをもたらすものではない。特に、年率で10パーセントを超えるような高インフレは、社会にさまざまな悪影響を及ぼすことが知られている。

しかしながら、物価がまったく上昇しない経済が良いかといえばそうではない。マクロ経済には、さまざまな硬直性があり、それがもたらす非効率を物価の上昇が解消するメリットは少なくない。また、物価が上昇しない場合、それによって社会の閉塞感が高まる傾向は強く、その点からも低インフレはマクロ経済に好ましくない影響が生まれる可能性がある。

現在の日本では、30代前半までの若者たちは、物価が上がるという実体験をほとんどしていないのが実情である。その結果、人々のインフレ期待はきわめて粘着的となり、少しぐらい経済に物価上昇圧力がかかったくらいでは、物価に対するマインドは変化しなくなっている。日銀が、異次元の金融緩和というレジーム・チェンジによって、そのようなデフレ・マインドから抜け出そうとした理由はそこにある。

長期停滞下での景気循環の捉え方

21世紀型の長期停滞では、戦前の恐慌期に観察されたような深刻な生産の下落は発生していない。むしろ、ほとんどの国で、リーマン・ショック直後を除けば、マイナス成長に陥ることは稀で、平均すると安定したプラス成長率を保ってきた。

しかし、GDPの水準でみた場合、リーマン・ショック前の成長トレンドから大きく下方へ乖離する状態が続き、本来の実力より低い所得水準が長期間続くという特徴が顕著となっている。そして、そのことが多くの国で超金融緩和にかかわらず低インフレを常態化させてきた。

もっとも、標準的な景気循環理論の枠組みでは、このような長期停滞の特徴を的確に捉えることは難しい。なぜなら、標準的な景気循環理論では、景気指標の多くが持続的に改善すれば「景気の拡大」と判断し、逆に持続的に悪化すれば「景気の悪化」と判断することになっているからである。

したがって、景気回復が力強さを欠き、ＧＤＰの水準が本来の実力より低い所得水準であったとしても、景気指標の改善が続けば「景気の拡大」となる。逆に、それまで改善していた景気指標が悪化をはじめれば、その直前を景気の「山」と考え、景気がピークアウトしたと判断してしまう。

リーマン・ショック後の日本経済でも、内閣府が設定する「景気基準日付」（山・谷）では、２００９年３月に景気の「谷」をつけた後、景気は２０１２年３月に「山」をつけるまで拡大したと判断された。さらに、２０１２年11月までの景気の下降期を経て、アベノミクスがはじまった２０１２年12月以降は再び景気の拡大期とされている。特に、アベノミクス開始後の景気拡大は、２０１７年９月、高度成長を実現した１９６０年代後半の「いざなぎ景気（１９６５年11月―70年７月）」を超える戦後二番目の長さとなったと考えられている。

ただ、この景気拡大は、年率10パーセントを超える成長率が続いた「いざなぎ景気」には、成長率で遠く及ばないだけでなく、GDPが本来の実力より低い水準のままでの成長である可能性が高いことには注意が必要である。

その結果、「景気が本格的に回復した」という実感をもつ企業や消費者は少なく、物価も低インフレの状態から抜け出せていない。

先にも述べたが、労働市場でも、人手不足が顕在化し、労働需給が数十年ぶりの水準まで引き締まったにもかかわらず、賃金の伸びは勢いを欠く。企業においても、多くが過去最高益を記録する一方で、その後に期待された「企業収益増を設備投資増加に」という好循環は力強さを欠いている。また、その帰結として、企業部門の貯蓄超過ないし資金余剰は高止まりし、企業が保有する現預金の積み上がりが続いている。

このことは、日本経済の現状を正確に理解する上では、標準的な景気循環理論の枠組みを超えて、長期停滞を的確に捉えることが必要となってくることを示唆する。

そこで重要な視点は、景気の動向を景気指標が改善したかどうかという変化率でみるのではなく、中長期的なトレンドの観点から、現在のGDPの水準が本来の水準に比べて高いか低いかを考察し、需要不足が存在するかどうかを再検討することである。これは、第1章で紹介したサマーズの長期停滞論と同じ問題意識に立つ視点である。

潜在GDPの計算方法

景気循環理論では、潜在GDPにもとづいて計算される「GDPギャップ（需給ギャップ）」が、財・サービス市場において超過供給にあるか超過需要にあるかを示す代表的な指標となる。

GDPギャップの値が、マイナス（超過需要）になるかプラス（超過供給）になるかは、実際のGDPが経済の供給能力を表す「潜在GDP」を下回るか上回るかによって決定される。したがって、GDPギャップを使って経済に需要不足が存在するかどうかを判断する際には、経済の本来の実力を表す潜在GDPを、いかに正確に推計するかが重要となる。

潜在GDPは、現存する経済構造の下で、利用可能なすべての資源を利用した場合に、達成可能なGDPの水準として求められる。

その値は、実際のGDPをさまざまな方法によって平滑化（スムージング）した値を使う簡便法を用いて推計される場合もある。しかし、標準的な潜在GDPの推計値は、「マクロ生産関数」を想定し、技術水準を表す全要素生産性（TFP）を与えられたものとして、生産要素である労働力と資本を最大限に投入した場合、あるいは標準的な水準まで投入した場合に、達成可能な生産水準として計算される。

具体的には、マクロ生産関数は、一国の実質生産量をY、労働人口をN、資本ストックをKとして、$Y = AF(N, K)$という関数で表される（ここで、Aは技術水準を示す全要素生産性（TFP）である）。この関数は、一国の総生産Yが、資本ストックおよび労働投入量に加えて、技術水準Aが高ければ高いほど増加することを示している。

このようなマクロ生産関数をベースとした潜在GDPの推計は、通常は三つのステップを経て行われる。まず、トレンド的な労働力率、労働時間、失業率を求め、それを調整することによって労働Nの潜在的な水準N^*を、また稼働率を調整することで資本Kの潜在的な水準K^*を、それぞれ計算する。

次に、現実の成長率から、潜在的な労働と潜在的な資本が成長に寄与する部分を取り除き、その残差（ソロー残差）を全要素生産性Aとして算出する。最後に、潜在的な労働と資本の寄与部分に算出した全要素生産性を加えることで、潜在GDPを$AF(N^*, K^*)$として計算する。

わが国では、内閣府がこのような通常のステップを経て、潜在GDPを推計している。また、日銀も、計算のステップが標準的なものとは異なるが、やはりマクロ生産関数を想定した潜在GDPの推計を行っている（内閣府や日銀による潜在GDPの推計方法の詳細を理解する上では、川本・尾崎・加藤・前橋（2017）が有益である）。推計された潜在GDPは、日銀のほうが内閣府より短期的な変動が大きいという傾向があるものの、おおむね類似した動きをしている。

内閣府による潜在GDPの推計

内閣府と日銀が推計した、2000年から2016年までの潜在GDPの動きをそれぞれみてみると（4－2）、日銀の潜在GDPに短期的な変動が大きい点を除けば、両者には、大きく分けて三つの局面で異なる動きをしていることが読み取れる。

以下では、各局面における特徴を、動きが安定している内閣府が推計した潜在GDPにもとづいて整理してみる。

まず第一の局面は、2000年から2006年前半までで、その期間の潜在GDPは年率で約1パーセントと安定した成長を示していた。この数字は、実際のGDPの平均成長率（年率で約1・5パーセント）より低いものの、推計された潜在GDPはおおむね実際の

4－2　内閣府と日銀が推計した潜在GDP

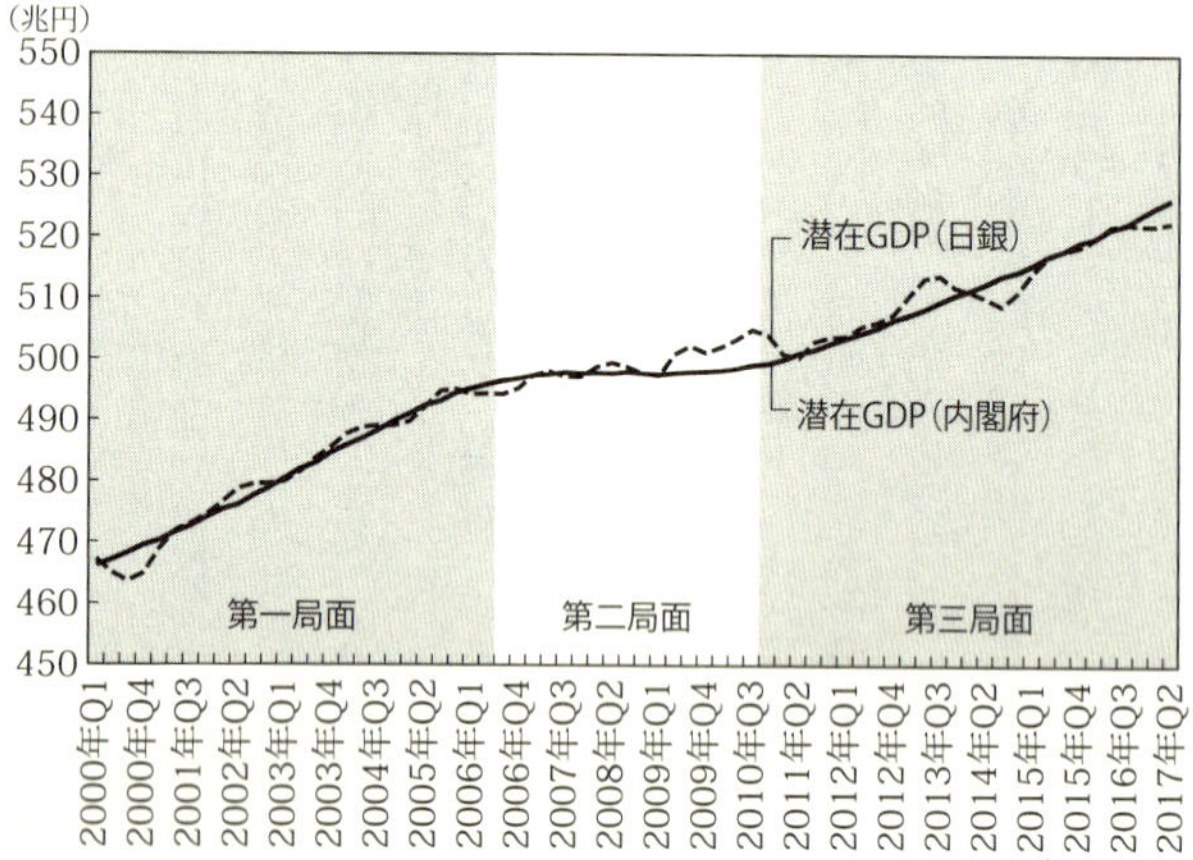

注：「日銀」の潜在GDPは平準化したもの。
出典：内閣府および日本銀行

ＧＤＰの動きを平準化したものに対応している。日本経済は２００２年１月からの六年一か月の間、戦後最長の景気拡大期（いざなみ景気）であったとされるが、この好景気は潜在ＧＤＰが年率約１パーセントという低い潜在成長の下で実現したものであったといえる。

第二の局面は、２００６年後半から２０１０年までで、その期間の潜在ＧＤＰの平均成長率は、高いときでも年率で約０・５パーセントにとどまっている。特に、２００８年第１四半期から２００９年第２四半期にかけては、潜在ＧＤＰの成長率はわずか年率約０・１パーセントに落ち込んだ。

このような大幅な落ち込みは、２００７年頃から顕在化した世界同時不況の影響を反映した推計結果となっている。ただ、実際のＧＤＰの動きと比較すると、実際のＧＤＰが２００８年第２四半期から２００９年第１四半期にかけて深刻なマイナス成長を記録したのとは対照的に、潜在ＧＤＰはわずかではあるがプラス成長を維持していた。潜在ＧＤＰの推計は、世界同時不況の影響の大半が一時的なものであったことを示しているといえる。

第三の局面は、２０１２年から２０１６年までで、その期間の潜在ＧＤＰは年率で約０・８パーセントであった。その値は、第一の局面における潜在ＧＤＰの成長率よりはやや低いものの、この時期に日本経済が再び安定した成長を取り戻したことを示唆する結果となっている（２０１１年は、東日本大震災の影響で実際のＧＤＰが一時的に大幅に落ち込んだ年である。ただ、東日本大震災が日本の潜在ＧＤＰへ与えた影響はほとんどないと考えられている）。

年率約０・８パーセント成長という数字は、同じ時期の実際のＧＤＰの平均成長率（年率で約１・２パーセント）より低いが、推計された潜在ＧＤＰはおおむね実際のＧＤＰの動きを平準化したものに対応している。

この時期、第二局面では恒常的と考えた潜在成長率の低下が、アベノミクスなど政策の効果でほぼ解消されたことを示唆するものである。

GDPギャップの再考

もっとも、以上のような内閣府や日銀による潜在GDPの推計結果は、中長期的なトレンドという観点から、現在のGDPの水準が本来の水準に比べて高いか低いかを検討したものではない。

そこで、以下では、第三局面の潜在GDPの水準を、中長期的なトレンドという観点から再検討し、それを元に現在のGDPの水準が本来の水準に比べて高いか低いかを考察する。

具体的には、内閣府による潜在GDPの推計結果を参考にして、サマーズが米国で行ったように、第二局面以降、年率1パーセント（第一局面の潜在GDPの成長経路）が続いた場合や、年率0・8パーセント（第三局面の潜在GDPの成長経路）になった場合に、第三局面の潜在GDPの水準がそれぞれどれくらいになるかを仮想的に考えてみた。

図（4－3）が、その結果を示したものである。この図から、第三局面の内閣府の潜在GDPの水準（図の太線）は、第二局面以降も年率1パーセントの潜在GDP成長率が続いた場合の水準（図の一番上の点線）と比較して約5パーセント、第二局面以降に年率0・

4−3　サマーズ流の潜在GDPと内閣府の潜在GDP

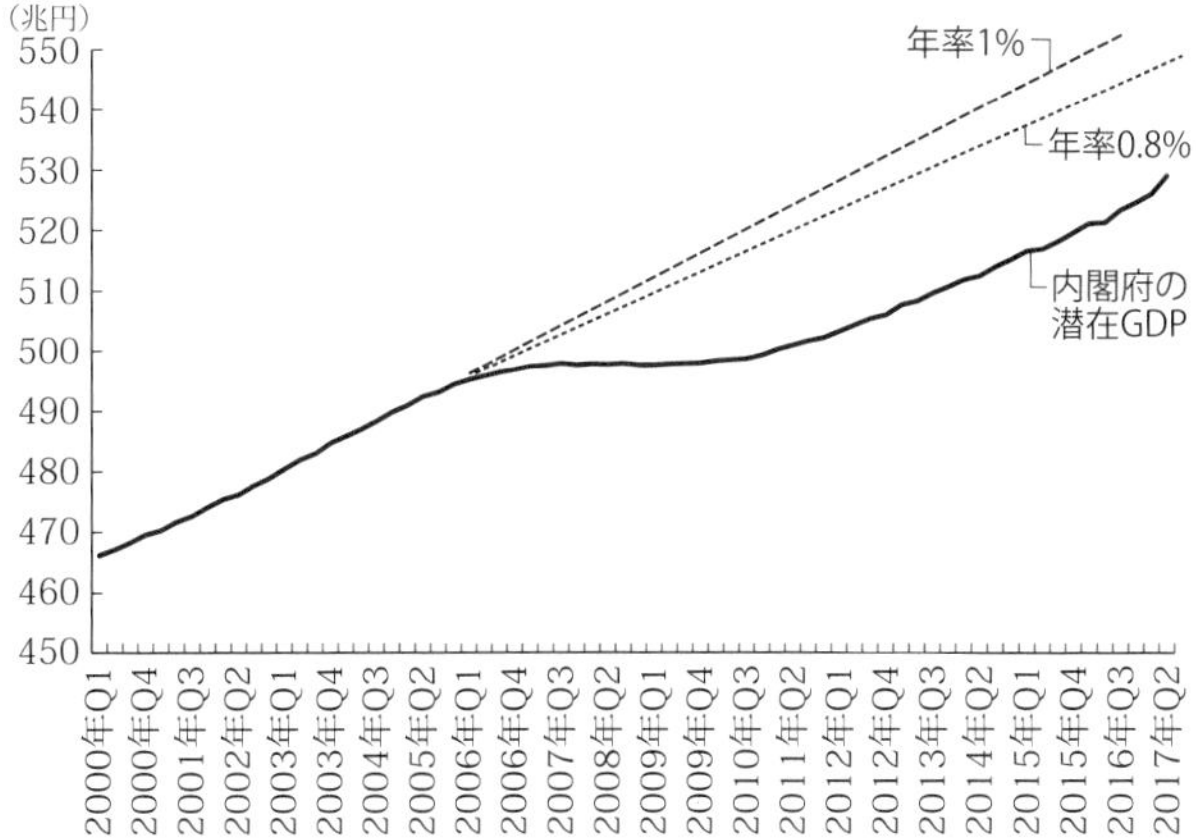

注：内閣府のデータにもとづく筆者の試算。

8パーセントの潜在GDP成長率が実現した場合の水準（図の上から二つめの点線）と比較して約3パーセント、それぞれ低いことがわかる。

以上の結果は、サマーズが長期停滞論で指摘したように、中長期的なトレンドが続くという観点から、現在のGDPの水準が本来の水準に比べて高いか低いかを再検討すると、アベノミクスの下でも依然として大きなGDPギャップが発生していることを示している。

それでは、仮にサマーズが指摘した長期停滞論の考え方が正しい場合、アベノミクスの下で、GDPギャップはどれくらいで

4−4　サマーズ流のGDPギャップの試算値

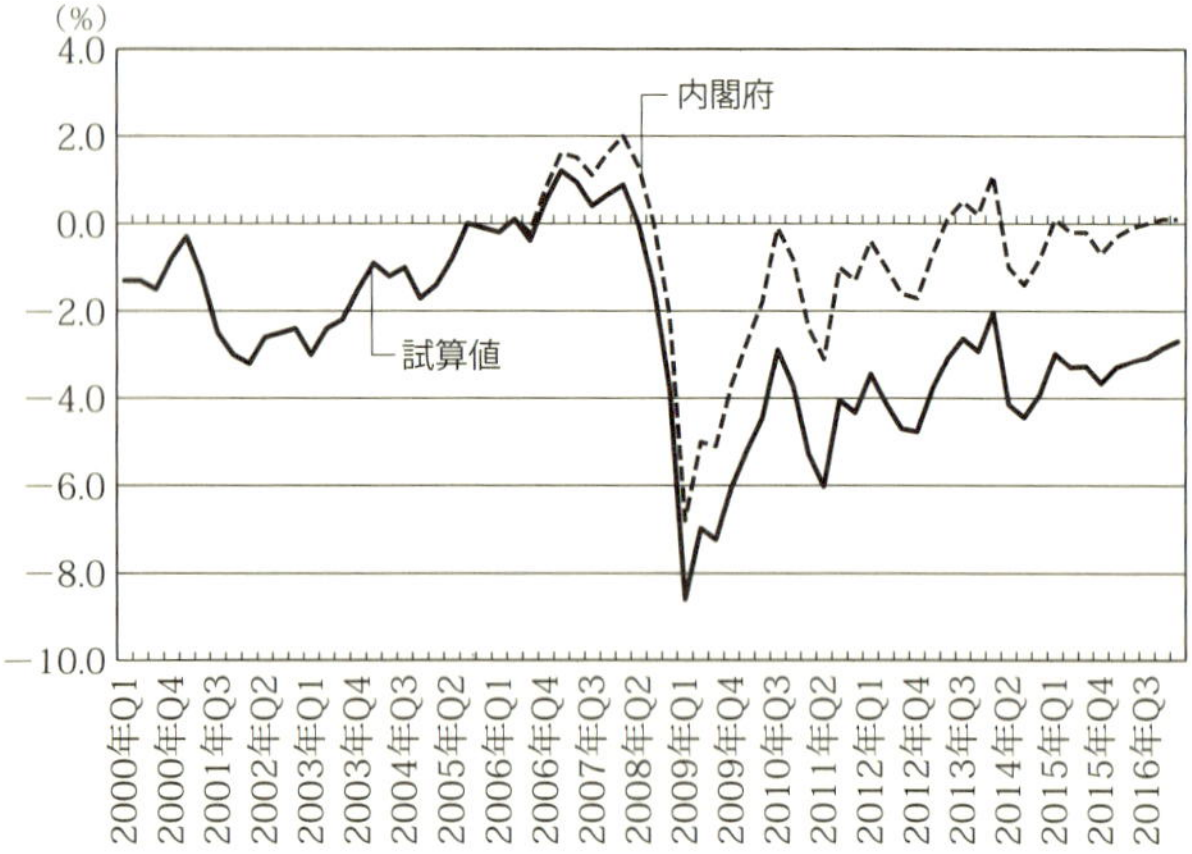

注：内閣府のデータにもとづく筆者の試算。

あったといえるか。

これをみるために、潜在GDP成長率が第二局面以降（2006年第3四半期～）に年率0・8パーセントになったと仮定して、GDPギャップの試算値を求め、その結果を内閣府のGDPギャップとともに示してみた（4－4）。

試算値では、第一局面の潜在GDP成長率は内閣府のものと等しいと仮定しているため、2000年から2006年第2四半期までのGDPギャップの試算値は、内閣府のGDPギャップに等しい。しかし、2006年第3四半期以降、GDPギャップの試算値は内閣府のGDPギャップより常に下方に乖離している。

特に注目すべき点は、内閣府の推計で2010年以降にそのマイナス幅が大きく縮小したGDPギャップが、試算値では依然として大きなマイナスの値をとっていることである。しかも、試算値の大幅なマイナスは、内閣府の推計では、GDPギャップがほぼゼロとなったアベノミクスの下でも続いている。

2013年第1四半期から2017年第1四半期までのGDPギャップの試算値は、平均でマイナス3・25パーセントと依然としてきわめて大きい。これは、同じ時期、平均で内閣府のGDPギャップがマイナス0・19パーセント、日銀のGDPギャップがマイナス0・12パーセントと小幅なマイナスにとどまったのとは対照的である。

試算値で得られたGDPギャップの値は、2006年第3四半期以降の潜在成長率をどのように仮定するかで、結果が左右される推計値である。

このため、試算値で得られたGDPギャップの値をそのまま用いて、財・サービス市場において、超過供給＝需要不足がインフレ率をどれだけ引き下げているかを正確に議論することは難しい。しかし、内閣府や日銀の推計では、アベノミクスの下でインフレにはほとんど影響がないと考えられていた需要不足が、サマーズ流の考え方を用いると、インフレ率が低迷する大きな要因であった可能性が示唆されるのだ。

恒常的な潜在GDPの低下

内閣府や日銀とサマーズ流の長期停滞論の考え方の大きな違いは、リーマン・ショックがあった第二局面の潜在GDPの水準に関して、内閣府や日銀は恒常的な下落があったと判断しているのに対して、サマーズ流の考え方では、恒常的な下落はなかったとしている点にある。

その結果、内閣府や日銀の推計では、リーマン・ショックからの回復期でも潜在GDPの水準が恒常的に低いままにとどまるのに対して、サマーズ流の考え方では、回復期にはリーマン・ショック前の成長経路に潜在GDPは戻るべきと考える。

経済理論でも、大きな負のショックが、たとえそれが一時的なものであったとしても、その後の経済活動に恒常的な影響を与える可能性があることは知られている。その一つが、負のショックによるヒステリシス（履歴効果）である。

ヒステリシスは、現在の経済状態が、足元のショックだけでなく、過去に起こったショックに依存して決定される現象である。しかも、過去に起こったショックが一時的なものであっても、その効果が長期的に持続する（Blanchard, Ceruti, and Summers（2015）は、このような観点から長期停滞が生まれることを示した代表的な研究である）。

このような現象が発生するのは、参入と退出にそれぞれ埋没費用（一度支払うと回収不能な固定費用）が存在するからである。埋没費用が存在する場合、経済に大きな負のショックが発生しないと企業の退出が起こらないのと同時に、大きな正のショックが発生しない限り企業の参入も起こらない。しかも、各ショックの影響は非対称で、いったん退出した企業が再び参入するのは、負のショックよりもはるかに大きな正のショックが起こるときだけである。

このため、負のショックで企業が退出した場合、その後にそれと同じ規模の正のショックが起こっても、いったん退出した企業が再び参入することはなく、長期停滞の原因となる。また、生産活動に規模の経済性（スケール・メリット）が存在することで、技術進歩が内生的に起こる場合も、一時的な負のショックが、その後の経済活動に恒常的な影響を与える可能性があると知られている。

「規模の経済性」が存在する場合、経済活動が活発になればなるほど、研究開発が活発となり、知識のスピルオーバー（伝搬）効果も大きくなることで、経済の技術進歩は加速される。逆に、大きな負のショックで経済活動が停滞すると、その期間は研究開発や知識のスピルオーバー効果も低迷し、その結果、その期間の技術進歩は低迷する。

このため、仮に発生した大きな負のショック自体は一時的なものであっても、そのショックが発生した期間では技術水準が向上しないため、その後、経済が回復し、技術進歩が再びはじまったとしても、停滞した技術水準の影響は持続するのである。

望まれる新しい視点

内閣府や日銀が、第二局面の潜在GDPの水準に関して、恒常的な下落があったと判断している背景には、このようなヒステリシス（履歴効果）や規模の経済性の存在が念頭にあると考えることが可能である。

しかし、もしそうであれば、リーマン・ショック後の潜在GDPの恒常的な下落を前提として政策を考えるのではなく、下落した潜在GDPの水準を元の成長経路に戻す手段はないのかどうかを含めて、望ましい政策を模索する必要がある。

ヒステリシスや規模の経済性の存在で発生した潜在GDPの恒常的な下落は、政策的に回復がまったく不可能というわけではない。むしろ、いまの政策で、回復可能なはずの潜在GDPの下落を回復させられない現状こそが、長期停滞を生み出していると考えるべきである。サマーズやクルーグマンら長期停滞の存在を主張する論者たちの議論も、そのような観点にもとづくものである。

もっとも、リーマン・ショック後の先進国で広がった長期停滞の症状は、これまでの経済理論が考えてきたほどシンプルなものではない。

たとえば、恒常的な潜在GDPの低下の原因がヒステリシスにある場合、理論上は、一時的な負のショックが発生した直後に、大きな正のショックを一時的に与えることで、恒常的な経済活動の停滞を回避できる。大きな正のショックは、退出した企業の参入を促すと同時に、研究開発や知識のスピルオーバー（伝搬）効果を活性化して、停滞した技術水準を元の成長経路に戻すからである。

このため、ヒステリシスで恒常的な潜在GDPの低下が発生した場合には、大胆な正のショックを経済に速やかに与えることが有効な処方箋となる。しかしながら、実際、多くの先進国で大規模な金融緩和という大きな正のショックを経済に速やかに与えたにもかかわらず、各国で発生した潜在GDPの低下は部分的に回復したのみであった。

このことは、リーマン・ショック後の潜在GDPの恒常的な低下が、過去の大きな負のショックによるヒステリシスだけが原因というよりも、これまでに論じてきた需要不足

（貯蓄超過）の背後にある構造問題によって生み出されてきたと考えるほうが自然である。

21世紀型の長期停滞は、その原因が需要サイドにある場合でも、その背後には21世紀になって顕在化した構造的な問題がある。

特に、わが国の場合には、２００８年秋のリーマン・ショックだけでなく、１９９０年代初頭のバブルの崩壊やその後の不良債権処理の遅れが、潜在ＧＤＰの低迷にさまざまな影響を与えている可能性があるのだ。

物価が上がらない日本経済の現状をみる上では、そのような視点を元に、いかなる政策対応が必要なのかを再検討することが重要で、これまでみてきたサマーズ流のＧＤＰギャップの試算値もそのような考えにもとづいて解釈していく必要がある。

21世紀型の長期停滞論は、標準的な景気循環理論が想定するような景気のアップダウンという視点では、理解することが難しい。低インフレが続く日本の景気は、従来とは異なる観点から理解を深めていくことが望まれるだろう。

第5章　長期停滞下での経済政策

21世紀型の経済政策

21世紀型の長期停滞に対する処方箋に関しては、その原因をどのように捉えるかによって、いかなる経済政策が望ましいのかが異なる。

その際、論点となるのが、長期停滞が需要サイドに起因するのか供給サイドに起因するのかということである。これは、長期停滞の主因がゴードンらが指摘するように生産性の低迷など供給サイドにある場合、総需要を刺激するよりも、非効率な資源配分を取り除き、技術革新を促進することで一国の供給能力を高めることが必要となるからである（わが国でも、宮川（2005）や深尾（2012）が、生産性の低迷がわが国の長期停滞の主因であると論じている）。

その一方、サマーズらが主張するように長期停滞の主因が需要不足（貯蓄超過）にある場合、需要不足や貯蓄超過を解消することが必要な処方箋となる。伝統的には、金融政策や財政政策といったケインズ政策が、そのような需要不足を解消するマクロ経済政策であり、戦後の経済の安定に少なからず役立ってきたと考えられている。

しかし、21世紀型の長期停滞では、その主たる原因が需要不足にあったとしても、金融政策や財政政策で総需要を刺激する伝統的なケインズ政策と同様の処方箋が、停滞から脱却する上で必ずしも有効とは限らない。

このため、近年の長期停滞論に関する研究は、先進諸国の多くで長期にわたる需要不足と低インフレ・低金利が顕在化しつつあることを指摘すると同時に、その原因を明らかにすることで、そこから抜け出すためにいかなる経済政策が必要かを論じている。


需要不足（貯蓄超過）による、21世紀型の長期停滞から抜け出すための望ましい経済政策を考える際には、大きく分けて二つの論点を考慮する必要がある。

まず第一の論点は、先にも述べた、大きな正のショックを経済に速やかに与えることの必要性である。21世紀型の長期停滞では、一時的に発生した大きな負のショックが、その後の経済活動に恒常的にマイナスの影響を及ぼし続けている。このような一時的な負のショックがもたらす恒常的な影響を解消するには、小さな正のショックを繰り返すことでは不十分で、大胆な正のショックを速やかに経済に与える必要がある。

「少なすぎて遅すぎる（too little too late）」という政策対応は、経済が抱える問題の抜本的な解決を遅らせるだけでなく、事態をより悪化させる可能性すらある。いかに大胆な正のショックを経済に速やかに与え、停滞からいち早く脱却するかがカギとなる。

第二の論点として、長期停滞の主たる原因が需要不足や貯蓄超過にある場合でも、その背後には21世紀になって顕在化した、さまざまな構造的な問題があることである。このため、マクロ経済政策においても、需要不足（需要サイドの問題）のみを解消するのではなく、その背後にある構造的問題（供給サイドの問題）の解消に、同時に取り組む政策が求められるといえる。

非伝統的な金融政策の必要性

「非伝統的な金融政策」は、21世紀型の長期停滞から抜け出すために提案された経済政策の一つである。

名目金利がゼロとなり、貨幣量を増やしてもほとんど流通しないという「流動性のワナ」が発生している長期停滞の下では、金利を引き下げるだけの伝統的な金融政策はもはや有効ではなくなる。しかし、ゼロ金利下でも、従来とは異なる手段を駆使することで、さらなる金融緩和を目指すことは可能である。これが、非伝統的な金融政策である。

リーマン・ショック後、先進各国で、未曾有の金融緩和を伴う非伝統的な金融政策が行われた。

5−1　主要中央銀行のベース・マネーの推移

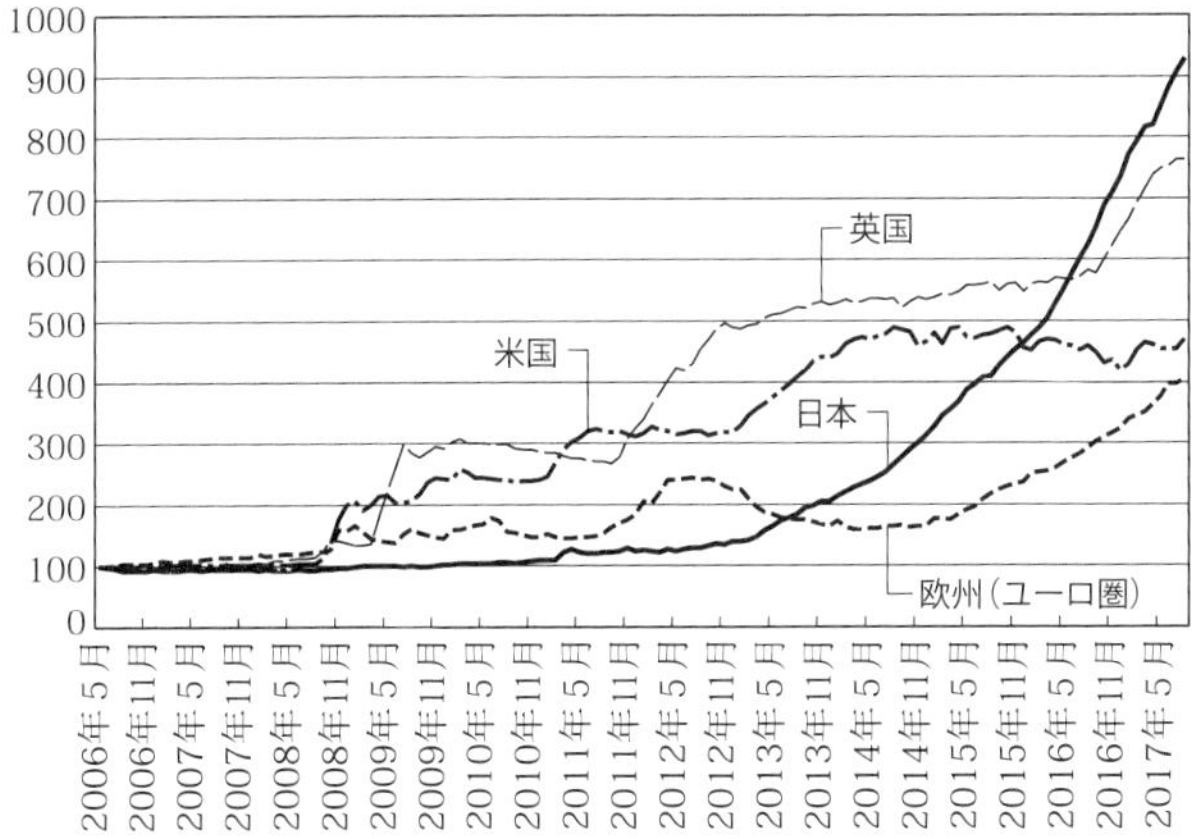

出典：各国の中央銀行

２００６年５月から２０１７年８月において、日本、米国、欧州（ユーロ圏）、および英国のベース・マネー（中央銀行が供給する通貨の量）の平均残高がどのように推移したのかを、いずれも２００６年５月の値を１００に基準化して示した（５－１）。

この図をみると、２００８年９月のリーマン・ショック後にベース・マネーが大きく拡大したのは、米国と英国で、いずれも数か月で2倍近くとなり、その後も拡大を続けた。しかし、日本や欧州（ユーロ圏）も徐々に拡大し、近年ではそのスピードを大きく高めている。特に、日本は、２０１３年４月の日銀による異次元の金融緩和がはじまって以来、ベース・マネーが急速に拡大し、今日では先進主要国でもっとも金融緩和が進んだ国となった。

これまで採用されてきた非伝統的な金融政策は、経済に大きな正のショックを速やかに与えたという点で、処方箋として望ましい第一の論点に対応していたといえる。また、それによって、リーマン・ショック後の金融市場の混乱や、その後のデフレの進行を食い止めるのに一定の役割を果たしたことは事実であろう（岩田・浜田・原田編著（2013）は、異次元の緩和政策のような大胆な金融緩和の必要性を論じたものである。また、早川（2016）は、その後の日銀の異次元の緩和政策に対する評価を含めてバランスの良い議論を展開している）。

フォーワード・ガイダンス（時間軸政策）

今日、各国の中央銀行によって実施されている非伝統的な金融政策には、中央銀行が国債を大量に購入してバランス・シートの規模を拡張する「量的緩和政策」や中央銀行がリスク資産を購入する「信用緩和政策」も含まれる。

しかし、総需要を刺激する上でもっとも有効と考えられている非伝統的な金融政策は、中央銀行が将来の金融政策についてコミットメント（公約）することを通じて、人々の予想をコントロールする「フォーワード・ガイダンス（時間軸政策）」である。フォーワード・ガイダンスは、中央銀行が人々の期待に働きかけ、それによって需要不足の解消やデフレ脱却に向けての効果を発揮しようとするものである。

中央銀行が、将来の短期金利の予想値に影響を与え、現在の長期金利を望ましい方向に誘導するという政策は、よく知られたフォーワード・ガイダンスの一つである。

長期金利には、現在から将来にかけての短期金利の予想値を反映して決定されるという性質がある。金利のフォーワード・ガイダンスは、このような長期金利と短期金利の予想値の関係を使って効果を発揮するものである。狭義の「ゼロ金利政策」は、中央銀行が現在の短期金利のみをゼロに誘導する政策である。しかし、この政策では、短期金利はゼロとなるが、長期金利の下落は限定的となる。

これに対して、中央銀行が現在の短期金利だけでなく、将来の短期金利についてもゼロにすることをコミットメントする場合、長期金利は大きく下落する。わが国でも、日銀がゼロ金利政策を導入するだけでなく、さまざまな金利のフォーワード・ガイダンスを行ってきた結果、1990年代末以降、長期金利は大幅に下落してきた（5－2）。

特に、2013年4月にはじまった日銀による異次元の金融緩和政策（量的・質的金融

5−2　わが国の国債利回りの推移

注：長期国債（利付10年）応募者利回り。
出典：東京証券取引所

緩和）は、これまでとは違う政策「レジーム・チェンジ」を印象づけることで、将来の金融政策についての予想を強力にコントロールし、人々の期待に働きかけようとしたものであった。日銀の量的・質的金融緩和が開始されて以降、長期金利は歴史的な低水準で推移し、その下落は2016年1月にマイナス金利政策が導入されて以降、さらに拍車がかかった。

これら長期金利の下落が、総需要の刺激に一定の役割を果たした。ただし、非伝統的な金融政策は景気の循環的な落ち込みを回復させる効果があったとしても、第二の論点からは不十分で、需要不足の背後にある構造問題を解決するものではない。
このため、長期金利が歴史的な低水準で推移するなかでも、銀行貸し出しや設備投資が伸び悩むなど、その効果は十分なものではなかった（同様の評価は、池尾（2013）などでも展開されている）。

インフレ・ターゲット

中央銀行がインフレ目標を設定し、将来の金融政策のあり方を明確にすることによって、将来のインフレ率の予想値を誘導する政策は、もう一つのフォーワード・ガイダンスといえるだろう。

設備投資など、実体経済の活動に影響を及ぼす実質金利は、名目金利から期待インフレ率（予想インフレ率）を引いたものである。このため、クルーグマンは、中央銀行が将来のインフレ率に目標値（インフレ・ターゲット）を設定することで期待インフレ率を高めることができれば、名目金利がゼロの下でも実質金利は下落し、需要不足が解消されると考えた（Krugman, 1998）。

日銀も、２０１３年１月に２パーセントのインフレ目標を設定し、その実現に向けて２

013年4月以降、量的・質的金融緩和など異次元の金融緩和政策を実施した。2パーセントのインフレが実現すれば、実質金利が大きく下落し、設備投資など実体経済がより活性化すると期待したからである。しかし、未曾有の規模の金融緩和が行われたにもかかわらず、人々の期待インフレ率の上昇は一時的なものにとどまり、その後、ほとんど上昇しなかった。

2パーセントのインフレ目標という、フォーワード・ガイダンスが有効であるためには、人々が中央銀行のコミットメントを信じ、インフレ期待をインフレ目標まで高めることが必要である。

しかし、人々がそのようなインフレ率が実現すると信じなければ、中央銀行が高いインフレ目標を設定した場合でも、デフレを伴う生産の低迷は依然として続くことになってしまう。わが国では、「失われた20年」を経験した人々に、2パーセントのインフレの実現というコミットメントを信じてもらうことは容易でなく、その意味で、2パーセントのインフレ目標を達成することは依然としていばらの道であるといえる。

2パーセントのインフレの実現が難しいなかでも、クルーグマンらのように、日本は物価を押し上げるためにインフレ目標をより一層引き上げるべきだと主張する論者もいる。

しかし、2パーセントのインフレの実現すらできない状況で、それより高いインフレ目標を掲げることは、日銀の公約に対する信認を揺るがしかねない。すでに大規模な金融緩和が行われている段階で、追加緩和の余地は大きくない。その一方で、超金融緩和の副作用で、バブルへの懸念なども生まれている。

このため、最近では、非伝統的な金融政策をより一層拡大することに関して慎重論も広がっている。

繰り返しになるが、日銀による異次元の金融緩和政策は、大胆な正のショックを経済に与え、「レジーム・チェンジ」を印象づけることで、需要不足からいち早く脱却することを目指した点では、21世紀型の長期停滞に対するあるべき処方箋の一つの基準は満たしていた。

しかし、金融政策は「魔法の杖」ではなく、それによってすべての経済問題が解決できるわけではない。特に、非伝統的な金融政策は、需要不足の背後にある構造問題を解決するものではなかった。

その意味で、デフレ懸念が続き、悲観論が拡大したリーマン・ショック後の日本経済では、異次元の金融緩和であっても、その効果は不十分なもので、21世紀型の長期停滞から本格的に脱却するには至らなかったといえる。

財政政策の役割とは

多くの主要国で、大胆な非伝統的な金融政策を実施したにもかかわらず、GDPはリーマン・ショック前の成長経路にはいまだ戻っていない。また、低インフレや低金利という、21世紀型の長期停滞における典型的な症状も、ほとんどの国で完全に解消されたわけではない。

このため、最近の研究では、過剰貯蓄が発生した長期停滞の状態から抜け出すには、財政支出の拡大がより効果的であるという主張が展開されることが多くなっている（これに関するより理論的な議論は、Eggertsson and Mehrotra（2014）や福田（2017a）を参照のこと）。

非伝統的な金融政策は、人々の期待を変えることを通じて総需要を高めるものであって、総需要に直接影響を与えるものではない。このため、人々が期待を変化させなければその効果は生まれないという意味で、その効果は不確実である。これに対して、財政支出は、消費や設備投資とともに、国内の総需要を直接増やす重要な項目の一つである。このため、金融政策が十分な効力を発揮できない状況の下でも、財政支出を増加させると、それに相当する需要不足が着実に解消され、ＧＤＰは増加するという主張が成立する。

需要不足が長期停滞の主因だとするサマーズやクルーグマンらも、そのような財政支出の拡大の必要性を説いている論者である。特に、彼らの主張で注目すべきポイントは、財政刺激策は、大規模な財政支出の拡大を一時的に行えばよいというものである。

リーマン・ショックという一時的に発生した大きな負のショックが、その後の経済活動に恒常的にマイナスの影響を及ぼし続けている。

このような一時的な負のショックがもたらした恒常的な影響を解消するには、先にも述べたが、小さな正のショックを繰り返すことでは不十分である。大胆な正のショックを一時的に経済に与え、需要不足からいち早く脱却することが重要な処方箋となる。加えて、財政支出の拡大が大規模なものであっても、それが一時的であれば、財政赤字に与える影響も限定的となる。一時的に大規模な財政支出を行うべきだという主張は、このような観点から展開されている。

ただ、公共事業などによって財政支出を大幅に拡大しても、需要不足や貯蓄超過の背後にある21世紀型の構造的な問題を解決できるわけではない。そのことには注意が必要である。長期停滞が需要不足によって発生しているとしても、その背後には21世紀になって顕在化した、さまざまな構造的な問題があることはこれまでも述べてきた通りである。

このため、マクロ経済政策においても、需要不足（需要サイドの問題）のみを解消するのではなく、その背後にある構造的問題（供給サイドの問題）の解消に同時に取り組む政策が求められている。一時的に大規模な財政支出を行うことは、その意味で、長期停滞を根本的に改善する政策とはいえない。

物価の財政理論という新たな観点

大規模な財政刺激策を説くサマーズやクルーグマンらとはまったく異なる観点から、財政支出の拡大の必要性を説く論者も存在する。

財政支出と物価の関係を論じた「物価の財政理論」（ＦＴＰＬ）の論者がそれにあたる。この理論は、シカゴ大学のコックラン（Cochrane, 2001）らによってかなり以前に展開されたものであったが、近年では、プリンストン大学のシムズのジャクソンホール会議（2016年8月）における講演（Sims, 2016）をきっかけに、わが国でも脱デフレに向けた新たな処方箋として注目を集めた。
伝統的なマクロ経済学では、物価は「貨幣的な現象」であり、エネルギー価格など供給サイドの影響を別とすれば、インフレ、デフレは金融政策の影響を受けるものと考えられてきた。物価は貨幣供給量に比例して上昇するとした古典的な貨幣数量説は、その代表的なものである。これに対して、物価の財政理論は、物価「水準」の決定を貨幣的現象ではなく、財政政策に求めるところに特徴がある。
この物価の財政理論の議論の中心となるのは、以下のような長期的な政府の財政収支を表す式である。

公債残高（名目額）÷今期の物価水準
＝現在から将来にかけての基礎的財政収支（実質ベース）の現在割引価値
（基礎的財政収支＝税収－政府支出）

この長期的な財政収支を表す式は、政府の借金である公債の残高とその利払い（式では現在割引価値として反映）が、物価の影響を取り除いた場合、現在から将来にかけての基礎的財政収支の黒字に等しいことを示している。式自体は、いわば会計上の恒等式であり、それ自体目新しいものではない。ただ、標準的なマクロ経済学では、上式を政府の予算制約式と考え、この式が成立するように、税収や政府支出が調整されると考えられてきた(これを「リカード型の世界」と呼ぶ)。このため、これまでの財政赤字の累積によって今期の公債残高が膨らんだ場合、制約式を満たすように将来、増税や支出削減で収支を黒字化しなければならなくなる。

これに対して、物価の財政理論では、上式を政府の予算制約式ではなく「均衡式」と考え、「物価水準」が調整することで左辺と右辺が均衡すると考える(これを「非リカード型の世界」と呼ぶ)。

上式の左辺において、公債残高の名目額は、政府の名目上の借金残高であり、過去の財政赤字の累積で与えられている。しかし、リカード型の世界の財政運営とは異なり、物価の財政理論は、借金を将来の基礎的財政収支の改善(増税や支出削減)で返済することは求めない(ただし、現在から将来にかけての基礎的財政収支の現在割引価値はプラスでなければならないので、少なくとも基礎的財政収支の現在割引価値がプラスになるように、将来において改善されなければならない)。むしろ、将来にわたる基礎的財政収支は与えられたものとし、左辺の分母にあたる物価水準が上昇することで、公債残高の実質額が下落して均衡式が成立すると考える。

このような物価の財政理論の下では、財政赤字が累積して公債残高（名目額）が増加する（左辺が大きくなる）と同時に、将来の基礎的財政収支の黒字が減る（右辺が小さくなる）ときに、今期の物価水準は上昇する。逆に、右辺の現在割引価値を決める割引率である実質金利が低下すれば、右辺が大きくなるため、今期の物価水準は下落することになる。

リーマン・ショック以降、先進各国は大胆な金融緩和を続けてきたにもかかわらず、デフレ基調から脱却できていない。その要因としてシムズは、世界経済が「長期停滞」に陥って実質金利＝割引率が低下し、その結果、右辺が増加したことを挙げている。また、大型の景気対策＝財政出動も、それが将来的に財政再建のための増税＝リカード型財政政策を予見させるならば、右辺は増加しないので、物価水準は同様に低迷し続けることになる。

このため、物価を上昇させるには、大胆な金融緩和はやめて実質金利を高くすると同時に、大型の景気対策＝財政出動を行う際には、将来的に財政再建のための増税は行わないことを約束することが重要となる。

物価の財政理論では、インフレ目標を掲げ、果敢に物価をコントロールしようとする「能動的金融政策」とは対照的に、金融政策は経済・財政の現状に対して「受動的」となる。金融政策が受動的となるとき、物価水準の決定は、政府の長期的な財政収支から決定される。

ただ、このような物価の財政理論のシナリオが成立するためには、それが想定する通りに、今後の税収や政府支出に関する期待を人々が形成する必要がある。しかし、非伝統的な金融政策の場合でもそうであったように、経済政策が人々の期待を望ましい方向に誘導することは決して容易ではない。仮に人々が想定したものと異なる期待を形成すれば、その政策は効果がないだけでなく、場合によっては経済に深刻なマイナスの影響を生み出すことすらあるのである。

「非ケインズ効果」がもたらすもの

財政政策に関しては、米国で政府支出の拡大を支持する研究者が多いのとは対照的に、ドイツなど欧州の研究者の間ではむしろ財政は緊縮的に運営すべきだという立場が主流である。これは、政府支出の拡大によって財政赤字が累積すると、長期的には財政破綻のリスクが高まるからである。

ドイツは、第一次世界大戦後、財政の破綻から、急激に物価が上昇するハイパーインフレを経験した国である。また、欧州では、近年、ギリシャなどで財政危機が起こり、それがイタリアやスペインなど南欧諸国を中心に、ユーロ危機という形で深刻な影響を与えた。

財政支出の拡大は、一時的には景気刺激にプラスかもしれないが、それが行きすぎて財政赤字が拡大すれば、財政破綻というはるかに深刻なコストを経済にもたらす可能性が高まる。このため、財政政策は慎重に運営すべきだという主張が欧州では支配的となっている。

財政破綻には至らなくても、財政赤字の累積が大きくなると、「非ケインズ効果」が発生し、財政政策の効果は限定的となる可能性があることが指摘されている。

これは、リカード型の世界を想定する限り、これまでの財政赤字の累積によって今期の公債残高が膨らんだ場合、政府の予算制約式を満たすように、将来、増税や支出削減で収支を黒字化しなければならないからである。

このため、政府債務を返済するために必要な将来の納税者の負担が、ある一定の水準を超え、将来、大幅な増税や支出削減が予想されるようになると、消費意欲の減退などを招き、それが現実の経済活動でさえも大きく落ち込ませる効果をもたらしかねない。

非ケインズ効果を主張する研究者は、このような政府債務累積の負の効果を強調し、財政が不健全な状態では、財政支出の拡大は逆に、国民所得の落ち込みにつながると指摘する。

日本に必要な第三の処方箋

わが国でも、バブルが崩壊した１９９０年代以降、過去の財政赤字の累積によって、国債残高が膨大な額に達している。

このため、需要不足の長期停滞下にあっても、さらなる赤字拡大につながりかねない財政政策は、国民所得を増加させる上で、その効果は限定的ではないかという欧州で支配的な議論は、日本においても説得力がある。

もちろん、長期停滞が需要不足に起因する場合、その不足分を補うために総需要を刺激する政策が必要となる。伝統的なケインズ経済学では、このような観点から、総需要（有効需要）を刺激するために、金融政策と財政政策をいかに組み合わせるかが論点になってきた。

ただ、名目金利がゼロにまで下落した下では、金利を引き下げる伝統的な金融政策には限界がある。また、財政政策においても、日本のようにすでに、巨額な財政赤字が累積してしまったときに、有効な政策なのかどうかは大きな疑問が残る。

日本の学界では、望ましい経済政策に関して依然としてさまざまな考え方が存在することは事実である。しかし、財政赤字の累積による国債残高という点では、日本が先進主要国のなかでは突出している。また、異次元の金融政策の長期化で、日銀が購入できる国債残高は限界に近づいている。

このため、金融政策と財政政策いずれもすでに拡大しきったわが国では、残された政策オプションは限られているのが実情である。そう考えると、需要不足を補うという観点からも、構造改革の推進が、金融政策や財政政策に代わる第三の処方箋として重要となる。

21世紀型の長期停滞に対する処方箋には、これまで有効とされてきたケインズ政策ではなく、余剰供給を生み出す構造的問題（供給サイドの問題）と需要不足の問題（需要サイドの問題）の両方に取り組む、従来とはまったく異なる政策アプローチが求められているといえるだろう。

第6章　なぜ、構造改革は必要なのか

デフレ脱却に向けた構造改革

構造改革に関しては、仮に適切に行われたとしても、日本経済の当面の課題である「デフレからの脱却」の実現には有効ではない、という批判がある。

その根拠として、供給サイドの改革である構造改革では、需要不足の解消に役には立たないという考え方がある。構造改革は、供給能力の向上には有効であっても、それ以上に需要が増えない限り、デフレの解消にはつながらないと考えるからである。

また、その成果が実現するには長い時間がかかり、「デフレ」という足元の問題を解決する上では向いていないという見方もある。構造改革は、あくまで中長期的な課題を解消するもので、それは「デフレ脱却」という日本経済の喫緊の課題には、適切な処方箋とはいえないというのである。

確かに、「デフレ」が需要不足に起因する場合、その不足分を補うために総需要を刺激する政策が必要で、伝統的なケインズ経済学では、金融政策と財政政策によっていかに総需要（有効需要）を刺激するかが論点になっていた。

しかし、日本では、財政赤字の累積が先進国のなかでは突出しており、財政破綻のリスクを勘案すれば、追加的な財政支出の余地は少ないといえる。また、異次元の金融政策の長期化で、日銀が購入できる国債残高は限界に近づいており、金融政策でも残された政策オプションは限られているのが実情である。極端な金融緩和のみに依存して経済を正常化させようとすれば、金融市場の取引が枯渇したり、金余りによる資産バブルの懸念が生まれたりするなど、副作用は小さくない。そう考えると、需要不足を補うという観点からも、構造改革の推進が重要となる。しかも、そのような構造改革は、時間をかけて供給サイドを改革するからこそ有効となる。

日本経済は、人手不足が顕在化するなど、足元の労働市場では完全雇用の状態が続いている。また、企業収益は大幅に改善し、株価も大きく上昇した。

その一方、マイナス金利など超金融緩和政策が続くなかでも、コアコア指数（食料およびエネルギーを除いたベース）のインフレ率の推移は、アベノミクスによって一時は１パーセント近くまで上昇したものの、足元では再び０パーセント近傍に下落しており、「デフレ」を伴う長期停滞からの本格的な脱却には、程遠い状況が続いている。

以下では、このような問題意識に立って、需要不足（貯蓄超過）に起因する21世紀型の長期停滞の下で、なぜ時間をかけて供給サイドを改革する構造改革が必要なのかを改めて考察していくことにしたい。

日本が抱える構造的な問題とは

今日、ほとんどの先進国はさまざまな構造的な問題を抱えており、それらが各国の成長の足かせとなっている。とりわけ、２００８年秋のリーマン・ショック後は、多くの主要国で長期停滞の懸念が指摘されるようになった。

さらに、わが国では、急速に進行する少子高齢化と巨額に累積した財政赤字が主要国のなかでも突出している。仮に他の主要国と同様の技術進歩を実現したとしても、これら二つの要因が今後、他の先進国以上に成長の大きな重荷となる可能性が高い（日本経済の構造的な問題を論じた本は数多いが、小峰（2017）はコンパクトに論点をまとめたものとしてわかりやすい）。

たとえば、「日本の将来推計人口」（国立社会保障・人口問題研究所）によれば、このまま抜本的な対策が講じられなければ、２０５０年には65歳以上の高齢者が総人口の4割近くに達し、現役世代（15歳から64歳）１・３人で、高齢者１人を支えなければならなくなる見通しである。人口の急速な減少は、労働人口の面から成長率を低下させるだけでなく、国内市場の縮小を通じて総需要を抑える恐れがある。

巨額に膨らんだ財政赤字も、国と地方を合わせた債務残高がＧＤＰ（国内総生産）の２倍を超えるなど事態は深刻である。なかでも、少子高齢化の進展に伴って、社会保障関係費は着実に拡大を続けており、財政赤字拡大の大きな要因となっている。今後も社会保障の給付が経済成長を上回って増大すると予想されるなか、将来にわたって持続可能な財政収支を維持していくには、取り組まなければならない多くの課題が横たわる。

ただ、ここで注意すべき点は、これら構造的な問題が成長をより大きく制約するのは、いまではなく、これから数十年先のことになる点である。このため、構造的な問題が深刻であればあるほど、これからの日本経済の成長見通しがますます悲観的なものとなる。より重要なのは、将来の成長見通しが悲観的になればなるほど、家計部門の消費や企業部門の設備投資が足元（現在）において慎重になることにある。

成長鈍化や巨額な財政赤字の累積が続くのは、家計部門にとっては、将来、受け取る可処分所得（個人の所得から、税金や社会保険料を差し引いた残りの手取りの収入）が伸び悩む可能性が高いことを意味する。

このため、家計が将来を見据えた人生設計を元に消費を計画する限り、日本経済の構造

6−1 「デフレ」長期化の原因

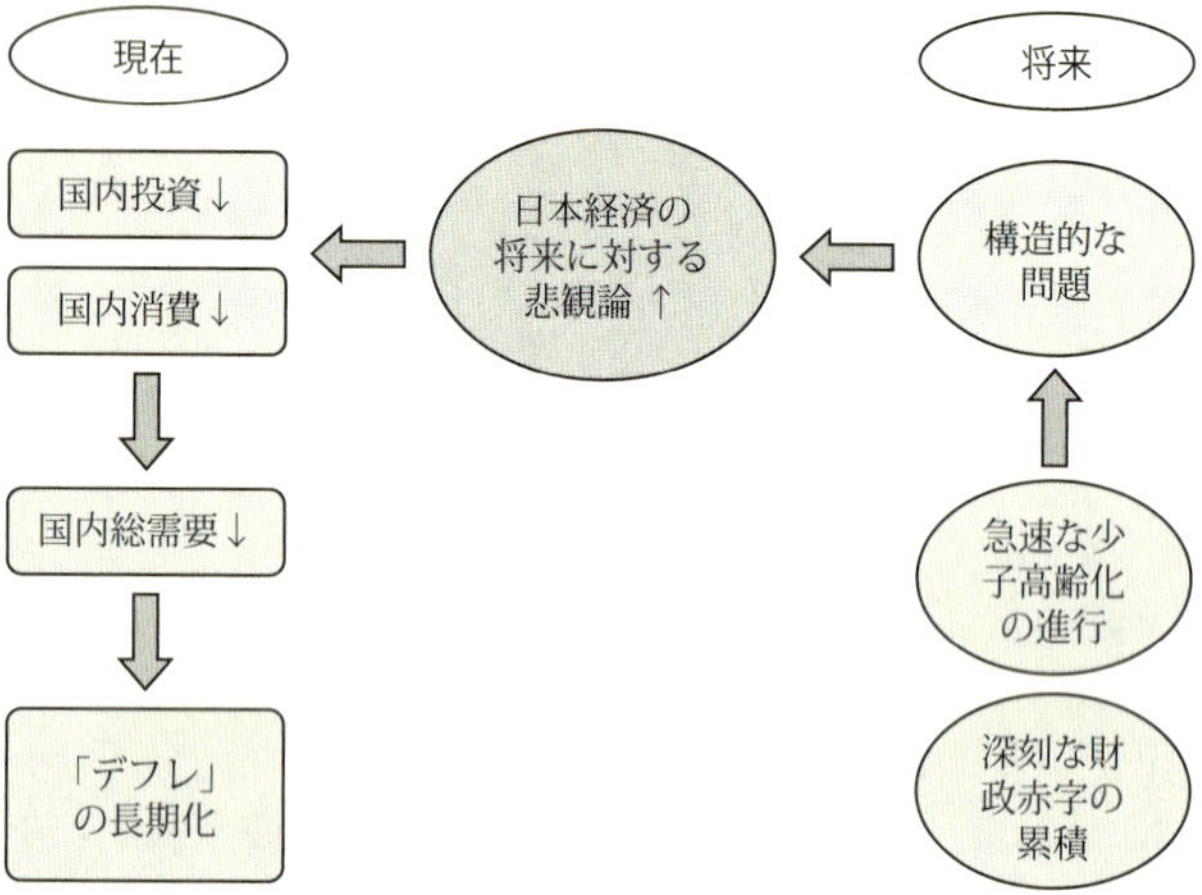

的問題に対して悲観的な見方が広がれば、それだけ現在の消費を控える傾向が強くなる。とりわけ、この傾向は、これからの人生が長い若者世代で顕著になると考えられる。

企業部門にとっても、将来の人口の減少や成長鈍化は、生産と販売の両面で日本市場の魅力を低下させる。このため、国内市場の成長に十分な確信が持てなければ、企業は新しい利潤機会を求めて海外事業の拡大を模索する一方で、国内事業を縮小する傾向が強まる。その結果、企業による国内向けの設備投資は伸び悩むことになるのだ。

図（6−1）は、国内経済が将来にわたって構造的な問題を抱えていることが、結果的に、現在の総需要にマイナスの影響を与え、「デフレ」の長期化につながるメカニズムを図解したものである。

そこでカギとなっているのが、少子高齢化や財政赤字の累積といった、本来は中長期的な課題が、日本経済の将来に対する悲観論を高めることを通じて、足元の国内消費や国内設備投資を低迷させ、需要不足による「デフレ」の起因となっていることにある。このようなメカニズムは、今日の日本経済の長期停滞を考察する上できわめて重要であろう。

需要不足の原因を探る

一般に物価が低迷する「デフレ現象」が発生する原因は、需要不足にあると考えられる。「失われた20年」といわれたバブル崩壊後の日本経済においても、国内投資と国内消費が低迷してきたことで総供給が総需要を上回る（すなわち、総貯蓄が総投資を上回る）需要不足（過剰貯蓄）が発生し、その結果、「デフレ」の長期化につながってきたと考えられる。

「デフレ」が顕在化した2000年代、日本企業の設備投資は、更新投資（古くなった機械・設備を買い替えるための設備投資）を反映する減価償却費すら下回ることが少なくなかった。図（6-2）は、『法人企業統計調査』（財務省）のデータを使って、ソフトウェア

6−2　設備投資と減価償却の推移

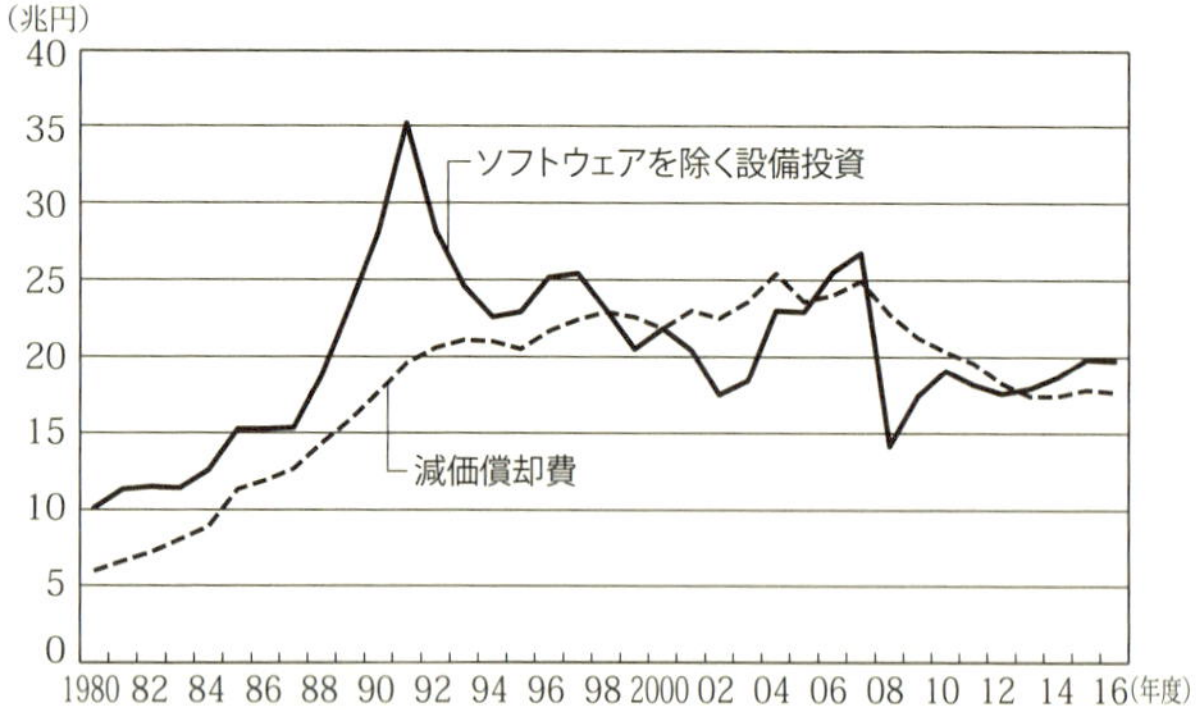

注：全産業（除く金融保険業）、資本金10億円以上の企業。
出典：財務省『法人企業統計調査』

を除く設備投資（当期末新設固定資産）と減価償却（当期末資金需給）を大企業（資本金10億円以上）・全産業（除く金融保険業）ベースで示したものである。

この図から、１９９０年代初頭までは設備投資が更新投資を反映する減価償却費を大幅に上回っていたが、１９９０年代前半はその差が急速に縮まり、１９９０年代後半にはほぼ同じとなったことが読み取れる。とりわけ、１９９９年以降は、設備投資がしばしば減価償却費を下回り、この時期、平均すると更新投資以外の設備投資はほとんど行われていなかったことがうかがえる。近年、アベノミクスの効果で、設備投資は減価償却費を上回りつつあるものの、両者の差はわずかで、企業収益の大幅な増加が設備投資に十分に結びついていない。

２０００年代を通じた日本企業の設備投資に対する保守的なスタンスは、さまざまなアンケート調査でも顕著である。

たとえば、日本政策投資銀行の調査部が毎年実施している『全国設備投資計画調査（大企業）』を元に、年度当初の設備投資計画と、各年度の実績が毎年どれだけ乖離していたかを計算すると、２０００年代を通じて、いずれの年も実績が当初の計画を大きく下回っていたことが確認できる。

特に、リーマン・ショック以降は製造業でその乖離が顕著で、２０１１年度や２０１３年度は、非製造業では実績の計画からの乖離がほとんどなかったのに対して、製造業では10パーセント近い乖離が観察された。アベノミクスの下でも、製造業では計画通りの設備投資が必ずしも進捗していないことが示唆される。

日本企業に設備投資が低迷している原因をヒアリングした場合、今後、人口減少が急速に進行することが見込まれるなか、販売先としての国内市場の魅力に確信が持てないからと答えるケースが少なくない。

6−3　勤労者1世帯当たりの毎月の消費支出と可処分所得

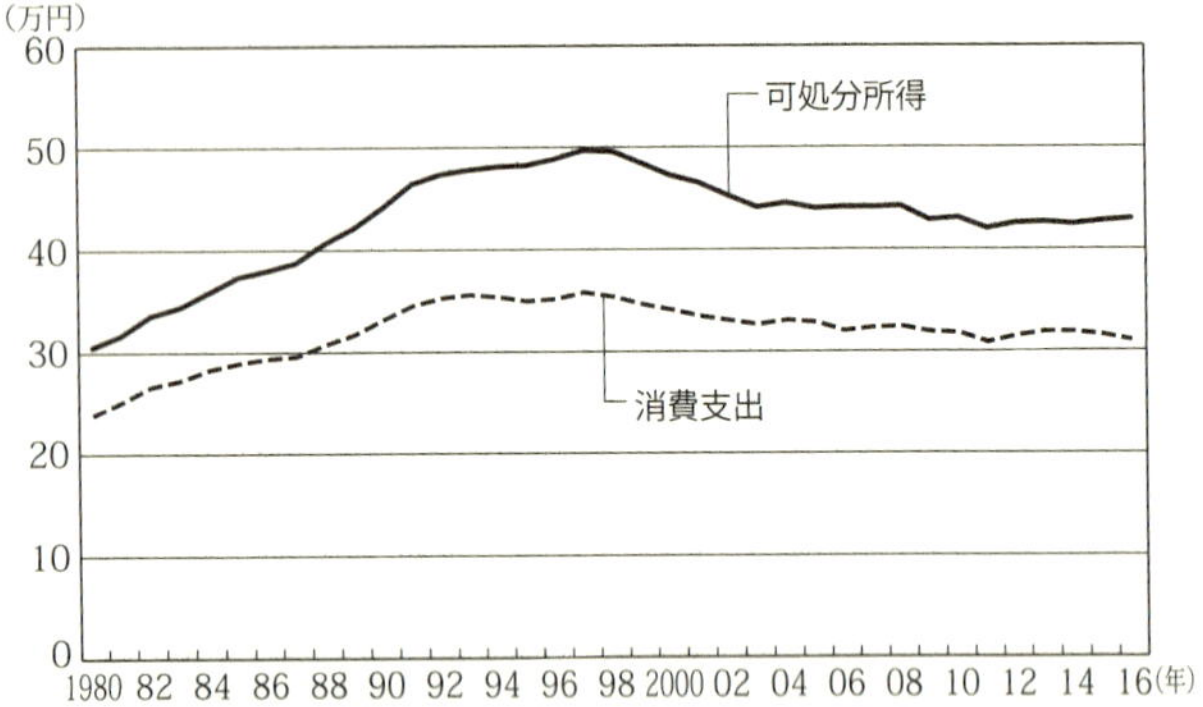

注：２人以上の世帯のうち勤労者世帯。
出典：総務省統計局『家計調査』

設備投資には、不可逆性があり、実行してしまった後にそれを元に戻すには大きなコストがかかる。このため、将来の日本市場に対する不確実性が高ければ高いほど、企業が国内向けの設備投資に消極的となり、結果的に、過剰貯蓄＝需要不足につながってしまう。

問題を抜本的に解決して悲観論を払拭することなくしては、企業の国内向けの設備投資の本格的な拡大を期待することは難しい。

国内消費に関しても、勤労者世帯の個人消費において特に低迷は顕著であった。

日本経済を全体でみた場合、２０００年代の国内消費は、高齢者世帯の消費の増大や人口構成の変化などを反映して増加傾向にあった。しかし、対象を勤労者世帯に限定した場合、その個人消費は低位で推移している。
『家計調査』（総務省統計局）のデータを使って、勤労者世帯（2人以上の世帯）における1980年以降の消費支出および可処分所得の推移を示した（6-3）。この図から読み取れることは、1980年代を通じて上昇を続けていた勤労者世帯の個人消費が、1990年代前半から後半にかけて横ばいとなり、1990年代末以降は、ごく一部の年を除いて、下落傾向が続いていることである。

1990年代末から2000年代にかけての勤労者世帯の個人消費の下落は、同じ時期に可処分所得が下落したことを反映したものである。勤労者世帯の可処分所得は、1998年をピークに大きく下落しており、それが勤労者世帯の個人消費の下落につながったことがはっきりと読み取れる。

ただ、もう一つ注意すべき点は、この時期、勤労者世帯の平均消費性向（可処分所得に対する消費の比率）も低迷していたことである。勤労者世帯の平均消費性向は、1980年代前半は80パーセント近かったが、1980年代半ば以降に下落がはじまり、1990年代半ば以降は70パーセント台半ばで推移している。

消費性向の低迷は、所得が増加しても、それを消費に向ける比率が小さいことを意味する。２０００年代には、勤労者の所得自体が伸び悩んだことに加えて勤労世帯の消費態度が慎重になったため、国内消費はより一層低迷したといえる。

続く賃金の低迷とデフレ傾向

１９９０年代後半以降、労働市場で賃金の伸び悩みが顕著となり、それが２０００年代になって「デフレ現象」の一因となったことは幅広く指摘されている（たとえば、吉川(2013)）。

わが国の賃金は、バブル崩壊後しばらくの間、一貫して上昇してきたが、１９９０年代後半以降になると上昇トレンドがストップし、２０００年代には緩やかに下落する傾向がみられるようになった。このような賃金下落の動きは、同時期に進行した物価の低迷、すなわち「デフレ」の動きとも合致する。

今日、〝経済の好循環〟の実現を目指すアベノミクスの下で、〝デフレ脱却〟を確実なものとするために、「いかに賃金の引き上げを実現するか」は最大の政策課題の一つとなっている。

賃金が消費行動に与える影響は、それを労働者が受け取るあらゆる報酬を示す「現金給

新刊案内

2018年1月

平凡社

6－4　2000年代の賃金の推移

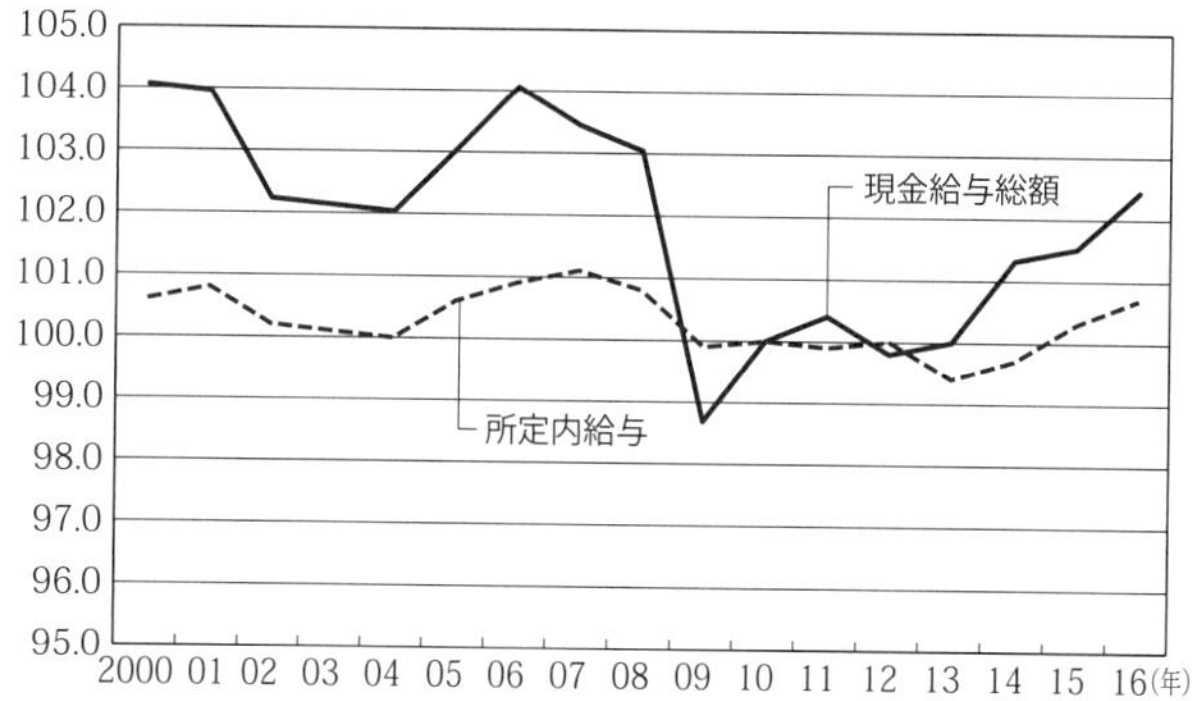

注：賃金は、30人以上事業所の一般労働者（フルタイムの労働者）の「現金給与総額」、および「所定内給与」。2010年平均＝100。
出典：厚生労働省『毎月勤労統計調査』

与総額」でみるか、所定内労働時間数に対して支払われる基本給に相当する「所定内給与」でみるかによって、その意味合いが大きく異なる。

ミルトン・フリードマンの「恒常所得仮説」が示す通り、人々の消費は、残業代やボーナスなど一時的な所得の増加よりも、「所定内給与」など恒常的な所得の増加に、より大きく反応すると考えられる。このため、デフレから脱却し、〝経済の好循環〟を実現するためには、賃金のなかでもいかに「所定内給与」の引き上げ（すなわち、ベースアップ）を実現するかが、より重要な課題であるといってよい。

図（6－4）は、そのような観点から、厚

生労働省『毎月勤労統計調査』にもとづいて、30人以上事業所の「現金給与総額」および「所定内給与」が、2000年から2016年の間にどのように推移したかを示したものである。対象とする労働者は、フルタイムの労働者に対応する一般労働者である（第3章でも議論したように、すべての労働者を対象とした場合、正社員より賃金水準が低いパート労働者も含まれる結果、近年、パート労働者が大幅に増加したことを反映して、賃金の伸び悩みがより顕著となる傾向にある）。

まず2009年までの動きをみると、2002年と2009年に「現金給与総額」は大きく下落したのに対して、「所定内給与」の下落は緩やかであった。特に、2009年はリーマン・ショックの影響で、「現金給与総額」は4パーセント以上も下落したのに対して、「所定内給与」の下落幅は1パーセント未満であった。このことは、2000年代の不況期の賃金の下落は、おもにボーナスに顕著で、基本給では目立った下落はなかったことを示している。

しかし、リーマン・ショックからの回復期における動きをみると、フルタイムの労働者の「現金給与総額」は、2009年をボトムに着実に上昇を続けたのに対して、「所定内給与」の回復はきわめて鈍く、それらの上昇がはじまったのは、アベノミクスが本格化した2014年以降であった。

このことは、リーマン・ショック後に収益が回復する過程において、企業はボーナスの引き上げによって賃金の引き上げに応じたものの、労働者の恒常所得を高める定期昇給、いわゆるベースアップには慎重であったことを示している。その結果、アベノミクスの下でも国内消費の回復が鈍く、デフレ脱却の実現を難しくする一因となってきた。

このように企業が、収益が回復したにもかかわらず「所定内給与」の引き上げに消極的であった背景には、将来の日本市場に対する悲観的な見方が多くの企業の間で依然として根強かったことが挙げられる。

急速な人口減少が進行する限り、日本の国内市場の魅力は、これからますます小さくなる可能性が高い。その結果、収益を回復させた企業は、ボーナスなど一時的な賃金引き上げは受け入れても、恒常的な賃上げとなる賃金の定期昇給（ベースアップ）には消極的になりがちであったといえる。この傾向は、足元で有効求人倍率が1・5を超え、完全失業率が3パーセントを下回るなど、労働市場が人手不足の状態であっても基本的には続いている。

以上の結果から、「デフレ」の真因を考察する場合、賃金と物価との間にどのような因果関係があるのかを構造的問題を踏まえて検討する必要がある。

賃金や物価がなかなか上がらない原因が構造の問題にある場合、無理やり賃金を引き上げても「デフレ」が解消するわけではない。将来に対する悲観論を解消することなく、企業に賃上げを強制したりすれば、逆に企業部門の悲観論は拡大し、設備投資の低迷などを通じて、「デフレ」をより一層深刻にする可能性すらある。

賃金の定期昇給（ベースアップ）を実現し、本格的な消費回復につなげるには、実効性のある構造改革を実行し、企業部門の悲観論を解消することが先決である。

日本経済の復活に向けた処方箋とは

構造改革は、本来は供給サイドの問題への処方箋であり、かつその効果が現れるにはかなりの時間を要することは既に述べてきた。

だが、わが国では、家計と企業いずれの部門においても、将来の成長見通しに悲観論が根強く、それが現在の総需要の低迷につながっていると考えられる。このため、実効性のある構造改革を推進し、将来の日本市場への悲観論をいち早く払拭することが、需要不足による長期停滞から抜け出すもっとも有効な処方箋である。

ここで注意すべきことは、構造改革の具体的な成果が実現するのは、かなり先でもかまわないということである。重要なことは、構造改革の成果が将来的に実を結び、日本市場を魅力的なものにするという確信を高めることができるかどうかである。

人々が将来に確信さえ持つことができれば、改革が実を結ぶのがかなり先のことであっても、足元の設備投資は増えていくであろうし、賃金のベースアップにもつながっていくであろう。賃金のベースアップが拡大すれば、消費も活発となり、総需要も増加していくはずである。

構造改革によって、日本経済の将来に対する悲観論を解消することが、結果的に現在の総需要にプラスの影響を与え、「デフレ」の解消につながるメカニズムを図解した（6－5）。

繰り返すが、そこで重要となるのが、構造改革の成果が現れるのがかなり先の将来であったとしても、それが実効性のあるものである限り、日本経済に対する悲観論を低下させ、それによって足元の国内消費や国内設備投資も回復する可能性が高いということである。足元の国内消費や設備投資が回復すれば、需要不足も解消され、それによって「デフレ」

6−5　構造改革の効果

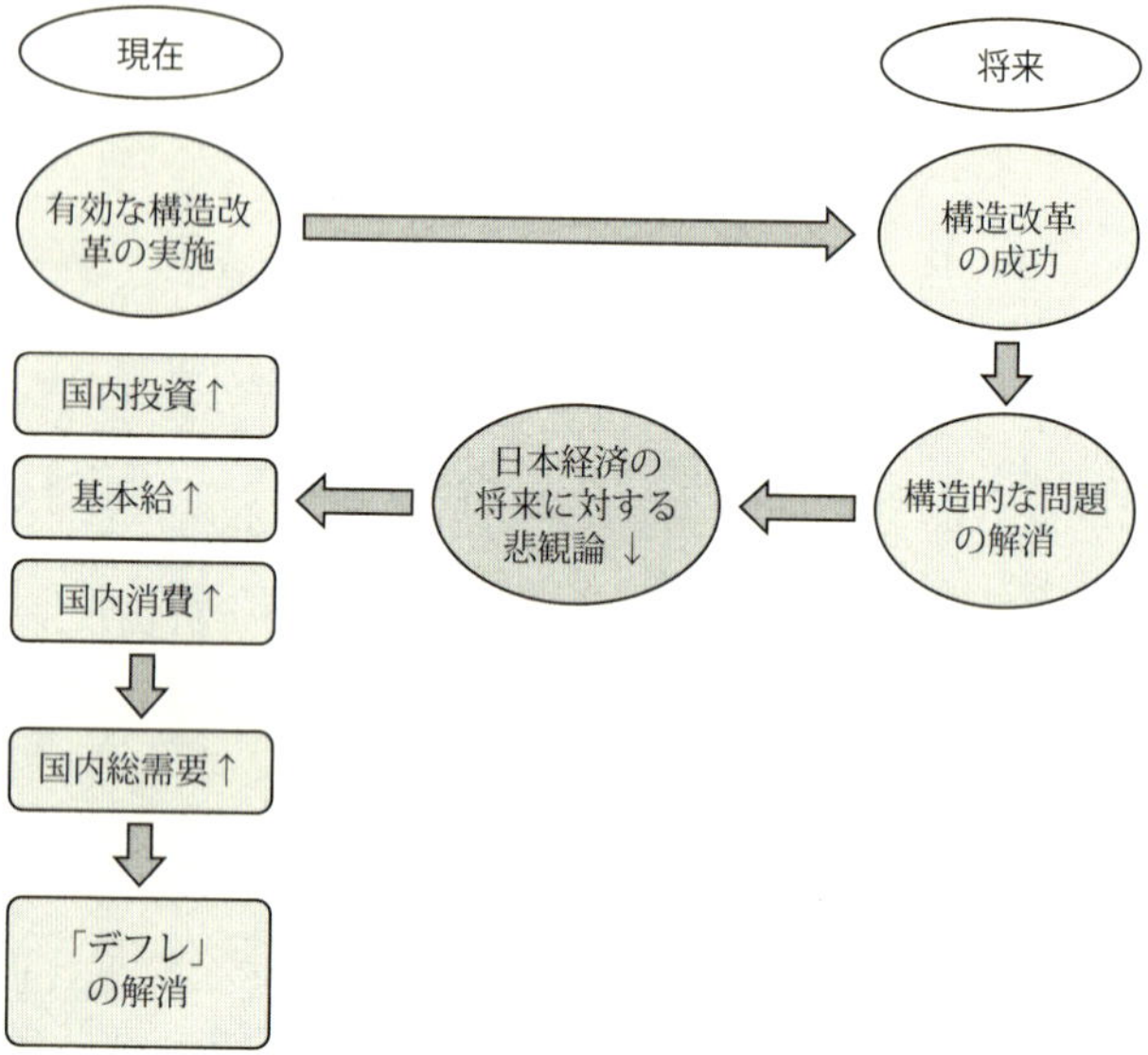

も解消に向かうと考えられる。

経済構造の変化は、長期間にわたって緩やかに進行するものであり、短期的に是正することは決して容易でない。しかし、構造改革は、供給サイドの問題を時間をかけて解決するからこそ有効な政策といえる。

急速に進行する少子高齢化や巨額に膨らむ財政赤字など、日本が抱える構造的な問題に対して有効な改革のスキームを明確にすることで、構造的問題が将来、確実に解消されていく筋道を示すことこそが、「デフレ脱却」にもっとも必要な施策なのである。

「失われた20年」を経験したわが国において、人々の将来に対する不安を払拭することは決して容易なことではない。

だが、「デフレ」を解消して好循環を実現するには、構造改革の達成への道筋を示すことで人々の「期待」を変えることが不可欠である。このため、政府が具体的な「行動」によって民間の人々の「期待」を変えるべく、横たわる構造問題を解消し、日本の潜在力を最大限に引き出す「成長戦略」へ着実に踏み出すことが重要となる。

日本経済を復活させる上で、魔法の杖は存在しない。安易な財政支出の拡大や金融緩和に頼ることなく、大きな痛みを伴う規制緩和や構造改革も例外としない毅然とした姿勢が、日本経済を長期停滞から救うために求められている。

第7章　少子高齢化が進む日本の現状

「人口オーナス」の時代

今日、先進主要国はさまざまな構造的問題を抱えており、それらが各国の成長の足かせとなっている。しかし、他の主要国と比較した場合、わが国では、急速に進行する少子高齢化とそれに伴う人口減少は、深刻さでは突出している。

その結果、仮に他の主要国と同様の技術進歩を実現したとしても、今後、少子高齢化や人口減少が他の先進国以上に成長の大きな重荷となる可能性が高い。このため、取り組むべき構造改革のなかで、少子高齢化対策や人口減少対策は、もっとも優先度が高いものの一つである。

主要国における最近の合計特殊出生率（一人の女性が一生に産む子供の平均数）と出生率（人口一〇〇〇人当たりにおける出生数）を示した（7-1）。

合計特殊出生率は、米国、フランス、スウェーデン、英国が、人口が減らないための目安となる2に近い。一方、日本の合計特殊出生率は、韓国、シンガポール、イタリアよりは高く、ドイツとあまり差がない水準だが、依然として1・5を下回っている。より深刻な問題は、日本の出生率が7・8で、表で示された国のなかでもっとも低レベルにあることである。このことは、最近の合計特殊出生率の回復が、出生者数の増加ではなく、出産可能な年齢（15歳から49歳まで）の女性人口の減少によってもたらされているだけで、人口減少のトレンドは依然として続いていることを示している。

終戦直後の第一次ベビーブームの頃には、合計特殊出生率は４・５以上の高い値を示していた。その後、出生率は大きく減少したものの、１９７０年代半ばまでは、丙午《ひのえうま》の１９６６年前後を例外として、人口が減らないための２をほぼ維持してきた。

その結果、労働力増加率が人口増加率よりも高くなる「人口ボーナス」が長期間持続し、経済成長を後押ししてきた。しかし、１９７０年代後半以降、合計特殊出生率は低下が続き、１９９３年には１・５を、また２００３年には

7−1　出生率の国際比較

国名	合計特殊出生率	出生率（人口千対）
日本	1.44	7.8
韓国	＊1.17	＊7.9
シンガポール	1.24	10.8
米国	1.84	12.4
フランス	＊1.96	＊11.8
ドイツ	1.50	＊9.1
イタリア	1.35	8.0
スウェーデン	1.85	＊11.8
英国	＊1.80	＊12.0

注：1）合計特殊出生率は、日本と韓国が2016年、それ以外が2015年の推計値。
2）出生率は、日本と韓国が2016年、それ以外が2015年の推計値。
3）＊印は暫定値である。
出典：厚生労働省『人口動態統計月報年計（概数）』

7−2　わが国の出生者数と合計特殊出生率の推移

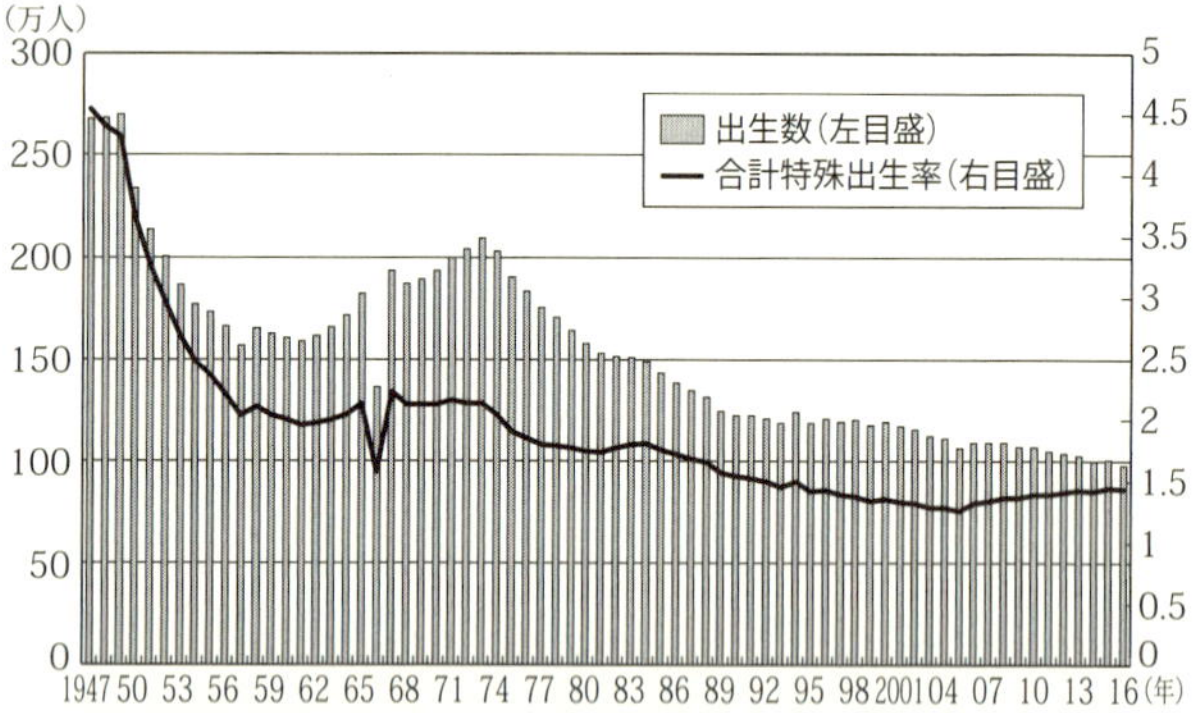

出典：国立社会保障・人口問題研究所『人口統計資料集』および厚生労働省『人口動態統計』

1・3を、それぞれ割り込んでしまった（7−2）。今後は、高齢者人口が急増する一方、生産年齢人口の減少が財政や経済成長の重荷となる「人口オーナス」の時代が到来する。

減り続ける人口をこのままにして、日本経済が持続的な成長を実現できるとは到底考えられない。人口の急速な減少は、労働人口の面から潜在成長率を低下させるだけでなく、国内市場の縮小を通じて総需要を抑える恐れがある。急速に進行する少子高齢化に抜本的な対策を早急に打たないと、日本経済に与える影響は依然として深刻である。少子高齢化対策や人口対策は、わが国が早急に取り組まなければならないもっとも大きな構造的な問題であるといえる。

7−3　合計特殊出生率の都道府県別ランキング

	2000年		2008年		2016年	
上位1位	沖縄	1.82	沖縄	1.78	沖縄	1.95
上位2位	佐賀	1.67	宮崎	1.60	島根	1.75
上位3位	島根	1.65	鹿児島	1.59	宮崎	1.71
上位4位	福島	1.65	熊本	1.58	長崎	1.71
上位5位	宮崎	1.62	佐賀	1.55	鹿児島	1.68
下位5位	埼玉	1.30	神奈川	1.27	千葉	1.35
下位4位	京都	1.28	京都	1.22	京都	1.34
下位3位	神奈川	1.28	奈良	1.22	宮城	1.34
下位2位	北海道	1.23	北海道	1.20	北海道	1.29
下位1位	東京	1.07	東京	1.09	東京	1.24
全国平均		1.36		1.37		1.44

出典：厚生労働省『人口動態統計（確定数）の概況』

広がる地方圏と大都市圏の人口動態格差

わが国の少子高齢化問題を考える上で重要な点は、出生率が日本全体として低いというだけでなく、地域によって大きなばらつきがあることであろう。

たとえば、表（７−３）は、２０００年、２００８年、２０１６年の合計特殊出生率に関して、都道府県別の上位５位と下位５位を、それぞれまとめたものである。いずれの年も、上位１位は沖縄、最下位は東京で、その差は約０・７ポイントもある。それ以外の順位は、年によって入れ替わりがあるが、いずれの年でも上位２位と下位２位の差が、０・４ポイント以上となっている。全体としては、出生率は、西日本の地方圏で高い一方、大都市圏で低くなる傾向が観察される。

さらに問題をより複雑にしているのが、出生率の低い大都市圏より、出生率が相対的に高い地方圏で、高齢化がいち早く進行していることである。その主たる理由は、地方圏から東京など大都市圏へ若者の人口流出が起こっているからである。特に、近年、若い女性の大都市圏への流出が増えている。

その結果、出生率が高い地方で、出産可能な年齢が減少し、高齢化が進行している。若者の人口流出が続く地方圏では、大都市圏に先駆けて人口減少と高齢化が深刻化し、地方自治の維持が困難になる懸念が高まっている。

内閣府が発表した『地域の未来ワーキング・グループ報告書』(内閣府 2014)でも、2060年までに地方圏で約4割弱の人口減少が起こると予測し、全国で四分の一以上の地方自治体の行政機能の発揮が困難になるとの予測結果を紹介している。

若者を中心とした人口流出は、「人口オーナス」として経済に打撃を与え、それがさらに人口流出を拡大させるという悪循環が多くの地方圏で生じている。出生率が相対的に高く、人口流出がなければ高齢化が進みにくい地域で、高齢化がいち早く進んでいるという現象は皮肉である。

もっとも、今後のより大きな問題は、地方圏から若者の流入が続いてきた東京など大都市圏でも、やがては少子高齢化問題が深刻となることにある。これは、若者が流入する東京など大都市圏で、出生率が非常に低いことが主因である。これまでは、出生率が低くても、地方圏から若者が新たに流入することで高齢化の歯止めになってきた。しかし、地方圏で高齢化が進むにつれて、それも今後は、従前通りには期待できない。

２０２０年代には東京圏も、高齢者が人口の26・1パーセント、後期高齢者も13・5パーセントと本格的な高齢化社会を迎えることが予測されている。その結果、『地域の未来ワーキング・グループ報告書』では、大都市圏でも２０６０年までに約3割弱の人口減少が起こると見込んでいる。

進まない少子高齢化対策

「人口オーナス」時代の対策としては、少子高齢化や人口減少の進行を直接食い止める方法と、少子高齢化や人口減少の進行を前提として、それらの負の影響を軽減する方法の二つが考えられる。わが国では、どちらも早急に取り組むべき課題である。しかし、前者の対策に関しては、実現がきわめて難しいのが実情であろう。

確かに、フランス、スウェーデン、英国など欧州諸国では、1990年代までトレンド的な低下が続いていた合計特殊出生率は、最近では2に近い水準まで回復させた事例がある。しかし、同様のことがわが国で実現可能かは、甚だ疑問である。

2015年9月に発表されたアベノミクスにおける「夢を紡ぐ子育て支援」で、一人の女性が一生に産む子供の数に相当する「合計特殊出生率」を1・8に回復させることが謳われ、その実現に向けて政府が積極的に取り組む姿勢が示されている。

また、それに直結する緊急対策として、子育てにかかる経済的負担を軽くするための幼児教育の無償化、結婚支援や不妊治療支援、待機児童の解消などが取り上げられている。

希望通りの結婚・出産・子育てを実現するという観点から、若者の雇用安定や処遇改善による経済的基盤の強化に関しても議論が進んでいる。

わが国でも、地方では合計特殊出生率が1・5を超えている都道府県は少なくなく、これらの政策に加えて、地方圏から東京圏への若者の人口流出を食い止めることができれば、合計特殊出生率をある程度は引き上げることは可能かもしれない。

しかし、人口動態の変化は、長期間にわたって緩やかに進行するものであり、その減少トレンドを短期的に1・8に回復させることは決して容易でない。特に、人口構成が特定の年代に偏っていることで、合計特殊出生率が高まっても出生率（人口一〇〇〇人当たりにおける出生数）は必ずしも増加しないのが実情で、急速な少子高齢化の流れを食い止めることがもはや難しくなっている。

内閣府の試算でも、合計特殊出生率が2030年に1・8程度、2040年に2・07程度まで急上昇して、初めて、2060年の人口は約1億2000万人となり、長期的に総人口を9000万人程度でおおむね安定的に推移させることが可能となる（内閣府 第一回「一億総活躍国民会議」事務局提出資料）。

だが、すでに高齢化がはじまっており、もはや子供を産むことが困難な年齢（45歳以上）の女性人口が、女性の総人口の50パーセントを超えているのが現状である。政府は、「50年後も人口1億人を維持する国家としての意思を明確にしたい」と意気込むが、その実現へのシナリオはいばらの道である。少子高齢化や人口減少の進行を直接食い止めることは、もはやきわめて難しいといわざるを得ない。

女性や高齢者の活用も一時的な対策

人口減少や少子高齢化の進行に対するもう一つの対策が、それらの進行を前提として、経済へのマイナスの影響をできるだけ軽減する方法である。それに向けた対策として注目を浴びているのが、女性や高齢者の労働力としての活用である。

これまでの研究でも、たとえば、ハーバード大学のブルームらは、ＯＥＣＤ（経済協力開発機構）諸国のデータを用いて分析し、人口高齢化は経済成長に負の影響をもたらすものの、女性の労働参加率の増加や定年延長などによって、その負の影響は軽減できるとしている（Bloom, Canning and Fink, 2010）。

女性労働の活用に関しては、待機児童の解消に向けて、少子化対策という点だけでなく、女性労働の活用という観点からも議論が進んでいる。また、親などの介護のために離職せざるを得ない人をなくす「介護離職ゼロ」も、政府は目標として掲げている。

「介護と仕事を両立しにくい」として、家族の介護・看護を理由とした離職・転職者は女性を中心に決して少なくない。総務省統計局「就業構造基本調査」によれば、２０１１年10月から12年９月の一年間の介護離職者は10・１万人にも達していた。介護離職ゼロという目標は、今後も増え続ける老人介護への需要を社会全体で支えることで、働く意欲がある女性や高齢者の就業機会を増やそうとするものといえる。

しかし、これらの施策は、当面の労働力不足の解消には有効であっても、長期的な労働人口の下落トレンドの流れを止めることができるわけではない。たとえば、内閣府の試算では、今後、出生率が急回復し、スウェーデン並みに女性が働き、高齢者も五年長く働くようになっても、２０６０年には２０１３年と比べて労働人口が１１７０万人減少する見通しであることが示されている。しかも、この試算は、２０３０年に合計特殊出生率が２・07に急上昇することを前提としたものなのだ。

出生率が回復しない場合、女性や高齢者の労働参加が進んでも、２０１３年に６５７７万人であった労働人口は、２０６０年には４７９２万人まで減少し、その間の減少幅は実に１７８５万人にも及ぶという（２０１4年3月12日、内閣府 第四回「選択する未来」委員会・資料2）。

女性や高齢者の活用は、わが国で進行する少子高齢化の影響を一時的に和らげる上では有効である。しかし、女性や高齢者を活用しても、労働人口の下落トレンドが今後も続くことは避けられない。すでに深刻となってしまった「人口オーナス」時代に向かう中長期的な流れを、国内人口の活用だけで変えることはきわめて困難であるといわざるを得ない。

外国人労働者をめぐる問題と実情

少子高齢化が急速に進行する「人口オーナス」時代において、労働人口の下落トレンドに歯止めをかけ、持続的な経済成長を実現するためにもっとも有効な対策と考えられているのが、外国人労働者の受け入れである。

２０１６年６月２日に閣議決定された「日本再興戦略２０１６」においても、成長を切り拓く人材の育成・確保の一環として、高度な外国人労働者のより積極的な受け入れ・活用の必要性が議論されている。「魅力的な入国・在留管理制度や生活環境の整備、外国人留学生・海外学生の日本企業への就職支援強化、グローバル企業における外国人従業員の受け入れ」など、そこで示された戦略的な仕組みは人口オーナス時代の有力な施策の一つといえる。

もちろん、わが国では、外国人労働者の積極的な受け入れに対して、多くの国民に依然として抵抗感が強いことは事実である。

特に、各種の世論調査で「日本は移民の受け入れを積極的に行うべきか？」というアンケートを実施すると、反対が大多数を占める。しかも、反対理由の多くが、治安悪化や価値観の対立への懸念など、経済問題以外のものである。なかでも、労働力不足のために移民を受け入れてきた欧州における最近の経験を指摘し、移民の受け入れがもたらしうる社会の軋轢への懸念を示す声は少なくない。

しかし、外国人労働者の受け入れと移民政策は、明確に区別して議論する必要がある。実際、先進国で働いている外国人労働者の多くは、当初から永住・国籍取得を前提としてやってくる「移民」ではない。

たとえば、世界銀行のデータを用いて、各国別に海外に働きに出た労働者からの送金額が国内総生産（ＧＤＰ）に占める比率をみてみると、多くの発展途上国でその比率が数パーセントから10パーセント超にも及んでいる。これら送金は母国に残してきた家族に対するものが大半であると考えられ、その金額の多さは、やがて家族のいる母国に帰りたいと考える外国人労働者が決して少なくないことを示唆している。

わが国でも、近年、特に増加しているのは、そのような外国人労働者である。厚生労働省が取りまとめた２０１６年10月末現在の「外国人雇用状況の届出状況について」をみると、日本における外国人労働者数は前年同期比19・４パーセント増の約１０８万人となり、

7−4　わが国における外国人労働者の推移

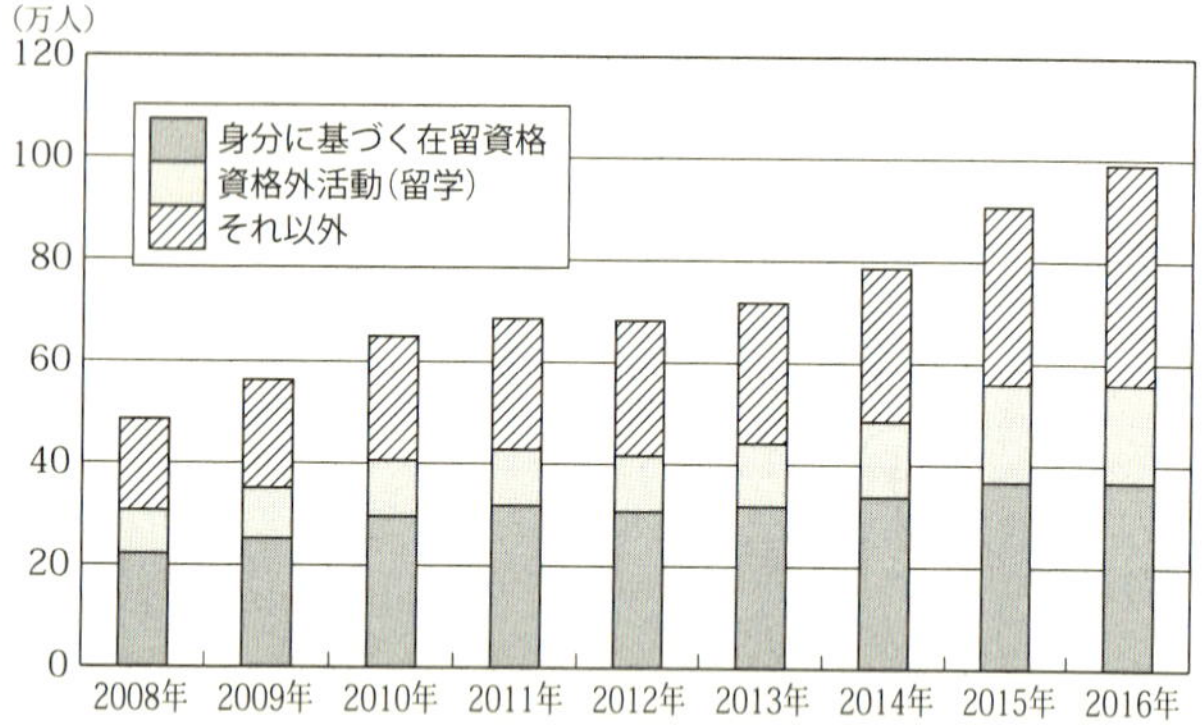

注：「身分に基づく在留資格」とは「永住者」や「定住者」など。各年のデータは10月末のもの。
出典：厚生労働省『「外国人雇用状況」の届出状況まとめ』

２００７年に届け出が義務化されて以来、過去最高を更新した。そのなかで、永住者や永住者を配偶者に持つ人など「身分に基づく在留資格」は全体の４割未満である（永住者に限定すると2割程度である）。

その一方、近年では、留学生（資格外活動）に加えて、それ以外の在留資格である技能実習や専門的・技術的分野の外国人労働者が大きく増加している（７−４）。今日、外国人労働者の存在は、いくつかの地域・産業で必要不可欠なものとなりつつある。日本国内で少子高齢化が急速に進行するなか、今後も、外国人労働者の数はますます増えつづけることが見込まれる。

もっとも、他の先進国と比較した場合、わが国における外国人労働者の数は際立って少ない。過去最高を更新した２０１６年でさえ、労働人口の総数に占める外国人労働者の割合は、１・６パーセント程度にすぎない。この数字は、15パーセントを超える米国や10パーセント近いドイツなどに比べると、はるかに少なく、今後もさらなる外国人労働者の受け入れ拡大の余地が大きいことを示唆している。

より大きな課題は、これまで受け入れてきた外国人労働者には、事実上、短期的な雇用の調整弁としての役割を期待した面が強く、少子高齢化という中長期的な課題を克服するという観点からの受け入れではなかったことである。

たとえば、１９９０年の入国管理法改正を契機に、日系人がブラジルなど南米諸国から来日し、その多くが派遣労働者として日本の自動車産業などを支えたことがあった。しかし、２００８年のリーマン・ショック後に大量の派遣切りが行われた結果、その多くは母国へ帰ってしまい、その数は現在ほぼ半減してしまっている。

また、近年では、「技能実習生」という名目の下に単身で日本にやってきて、農業や建設業など指定された対象業務に従事する外国人労働者が増えている。日本の技術を学んで母国で活躍してもらうためにはじまった「国際貢献」制度が、いつの間にか人手不足解消のために乱用されているのである。特に、その劣悪な労働環境が社会問題にもなり、一時的な使い捨ての労働力にすぎないという批判を浴びている。

政府は2016年11月に「外国人の技能実習の適正な実施及び技能実習生の保護に関する法律」を公布し、技能実習の受け入れ期間を三年から五年に延ばしたほか、技能実習生に対する人権侵害行為等について禁止規定や罰則を設け、不正を防ぐための外国人技能実習機構を新設した。また、国家戦略特区制度を使い、技能実習制度の修了者などを中心に、特区内においては外国人の派遣労働による農業就労を認めようとしている。

これによって、技能実習生という外国人労働者の待遇は改善し、その雇用の調整弁としての役割が高まるかもしれない。しかし、期間が延びたとはいえ、技能実習生は制度上の制約から数年で母国に帰国する短期的な労働力であり、労働人口の減少に対する本格的な歯止めとなる機能は十分には備えていない。

アジアで進む人材獲得競争

少子高齢化の急速な進展は、日本だけでなく、韓国や台湾でも大きな政策課題となっている。中国でも、一人っ子政策の影響から、若い労働人口の不足が懸念されている。

そうしたなかで、東アジア地域では、より質の高い外国人労働者の獲得に向けた競争がすでにはじまっている。特に、韓国や台湾は、政府が現地での人集めにも直接関わり、よりよい労働力を中長期的な視点からより多く集める試みを行っている。

国の内外を問わず、労働力不足だからといって労働者の人数を増やせばよいというものではない。労働市場では、雇用主が労働者の質や努力水準を判別することが難しく、良質な労働力を雇用して効率的な仕事量を実現することは容易でないからである。このため、今後、日本経済が持続的な成長を実現していく上で、本当に必要な労働力とはどのようなものなのかを慎重に見極めて、それに向けた良質な外国人労働者の受け入れのあり方を、中長期的な観点から時間をかけて検討することが望まれる。

日本から地理的に近い東南アジア地域では、長い間、フィリピンが海外に多くの労働力を提供してきた。フィリピンでは、海外にいる労働者からの送金額が国内総生産（ＧＤＰ）の１割にも達している。

日本にとって幸いなことは、東南アジア諸国では、まだ、フィリピンのように海外に多くの労働者を送り出している国はそれほど多くないことである。その一方で、アジア諸国のなかには、インド、ベトナム、カンボジアなど若い労働人口が多い国は少なくない。

これまでは、世界の人材獲得競争に出遅れた感の強い日本だが、今後、これらの若い労働力を戦略的に呼び込んでいくことができれば、まだまだ良い人材を獲得できるチャンスはある。人口動態の変化は、長期間にわたって緩やかに進行するものであり、短期的に是正することは決して容易でない。外国人労働者に対する問題も、腰を落ち着けた戦略的な議論が必要である。

第8章　イノベーションは日本を救うか

人口減少下のイノベーション

わが国では、急速に進行する少子高齢化が、他の先進国以上に成長の大きな足かせとなる可能性が高いことを述べてきた。そうしたなかで期待が高まっているのが、イノベーション（技術革新）の役割である。

たとえば、立正大学の吉川洋氏は、経済成長のカギを握るのはイノベーションであり、イノベーションが起こる限り、人口が減少する経済であっても必ずしも成長は鈍化しないと指摘する（吉川 2016）。少子高齢化の進行が急速な日本経済でも、イノベーションが他の主要国以上に活発に起これば、経済成長の鈍化はそれほど心配する必要がないというのである。

そのなかでも特に注目が集まっているのが、労働力を代替するロボットや人工知能など新技術の役割である。近年、関連分野での技術革新は目覚ましく、従来は人手がなければ対応が難しかった仕事を、ロボットなどが代わりに行う分野が急速に広がっている。

内閣府が２０１７年７月に発表した２０１７年度「年次経済財政報告――技術革新と働き方改革がもたらす新たな成長」（内閣府 2017）でも、「技術革新に迅速かつ適切に対応できれば、人手不足を克服し、生産性を向上させることで、豊かな国民生活が実現できる」と、その重要性を指摘している。

労働力を代替する新技術が経済成長に与える影響を考察したものとしては、マサチューセッツ工科大学のアセモグルらの最近の一連の研究（Acemoglu and Restrepo, 2016, 2017a, 2017b）が、多くの示唆に富むものである。

かれらの分析で注目すべき結果は、労働力を代替する技術革新は労働人口が減少する国でより活発となるため、人手不足は経済成長に必ずしもマイナスの影響を与えないことを明らかにしたことである。この結果は、労働人口の減少が成長を鈍化させると考えてきた従来の経済成長理論とは正反対のものである（そのような経済成長理論には、技術進歩が外生的な新古典派成長理論に加えて、技術進歩や人的資本の蓄積が内生的に発生する内生的成長理論も含まれる。たとえば、Solow（1956）, Romer（1990）, Jones and Vollrath（2013）などを参照）。

従来の研究とアセモグルらの研究で、大きな結果の違いが生まれたのは、生産を実現する上で、技術や資本が労働とどのような関係にあるかについての考え方が根本的に異なっていることに起因する。

従来の経済成長理論では、技術や資本は労働と補完的な関係があり、技術進歩や資本蓄積が進めばそれだけ労働生産性は増加し、労働人口が増加すれば、それだけ技術進歩や資本蓄積の生産性も高まると考えてきた。このような経済では、労働人口が減少すれば、その補完的関係から技術や資本の生産性が低下し、その結果、技術進歩や資本蓄積が停滞することで経済成長にマイナスの影響が発生するとしてきた。

これに対して、アセモグルらの研究では、ロボットなど新技術と労働との間には代替的関係があると考え、労働人口が減少すればするほど新技術の生産性は高まると考えた。

その結果、労働人口が減少するほど、新技術の開発が活発となり、労働力の減少が成長に及ぼすマイナスの影響を相殺することになる。特に、新技術の開発に「規模の経済性」が存在する場合、労働人口が減少すると新技術が加速度的に進歩する結果、経済成長は逆に促進される。この研究は、労働人口の減少に対する悲観論に一つのアンチテーゼを提示するものであったといえる。

イノベーションによる負の側面

もっとも、労働力の減少をロボットなど新技術で代替する経済には、仮にイノベーションが経済成長率を高める場合であっても、負の側面がある。特に注意すべきは、賃金や労働分配率への影響である。

従来の経済成長モデルが前提としたような技術と労働力が補完的なケースでは、イノベーションによって技術進歩が起これば、労働生産性が上昇する結果、賃金や労働分配率は上昇する傾向にあった。

これに対して、アセモグルらの研究が想定した新技術が労働力を代替するケースでは、イノベーションによって新技術が促進された場合でも、労働生産性はほとんど上昇しないため、賃金の上昇は望めない。特に、新技術の開発に「規模の経済性」が存在する場合、労働人口の減少は経済成長を促進する一方で、新技術の価格の下落に伴って、賃金も下落することになる。その結果、経済が成長する下でも、労働者への分配が低下し、所得格差が拡大する可能性がある（詳しくは、福田（2017c）を参照のこと）。

ロボットや人工知能など、新技術が労働力を代替する分野が急速に広がっている現代では、経済成長と労働分配率の低下という現象が特に顕著となりつつある。

わが国の労働分配率をGDP統計を使って、雇用者報酬÷国民所得として求め、その推移を示した（8-1）。この図からもわかるように、高度成長期に大きく増加した労働分

8−1　わが国の労働分配率の推移

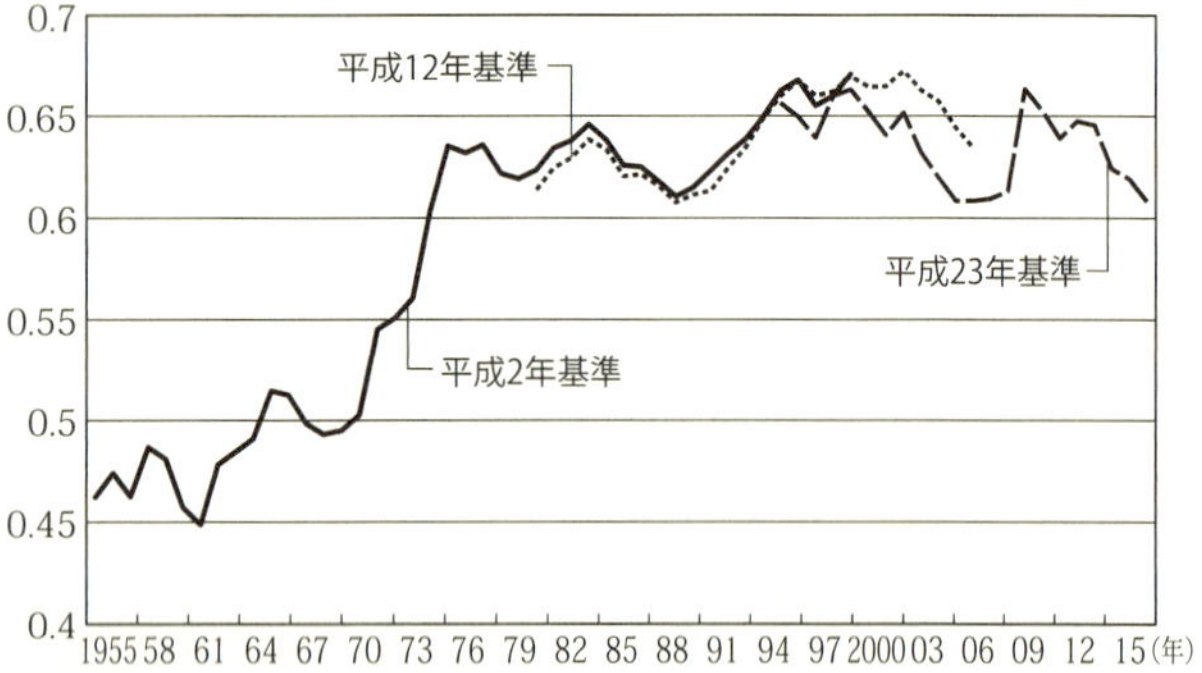

注：労働分配率＝雇用者報酬÷国民所得（市場価格表示）。平成20年基準、平成12年基準、平成23年基準は、それぞれ国民経済計算に関する国際基準1968SNA、1993SNA、2008SNAにもとづく。
出典：内閣府「GDP 統計」

配率は、1970年代以降その伸び率が鈍化した後も、1990年代頃までは緩やかな上昇を続けてきた。かつては、伝統的な経済成長モデルが示したように、労働と補完的な技術進歩がトレンドとして労働分配率を高める方向で働いていたと考えられる。

これに対して、1990年代末以降、労働分配率は緩やかながら低下トレンドをたどっている。この期間は、労働人口が2000年を境に上昇から減少へと転じた時期や、ロボットや人工知能など労働を代替する新技術が広がった時期とも呼応する。

近年、わが国で労働分配率が低下した要因には、さまざまなものが指摘されている（2000年以降にわが国の労働分配率が低下したそれ以外の説明要因としては、玄田編（2017）が参考になる）。しかし、労働人口が今後、より一層減少することが見込まれるなかで、2000年以降、労働と代替的な新技術が導入されつつあることが、トレンドとして労働分配率を低下させる一因となりはじめた可能性は高いといえる。

新時代に不足する労働と余る労働

労働力をロボットなど新技術で代替する経済において、イノベーションが労働者に与える影響は、企業や労働者にさまざまなタイプが存在する場合、より複雑となる。

これは、新技術の導入がもたらす影響が、産業や職種によって大きく異なるからである。一般に、労働人口の減少は、新技術で代替が困難な産業や職種で深刻な人手不足をもたらす一方で、新技術で代替が可能な産業や職種では、人手不足は発生しないと考えられる。その結果、労働人口が減少する日本経済においても、極端な人手不足が発生する職種と、逆に人員が過剰となる職種が生まれる可能性がある。

2016年度の有効求人倍率を、パートタイムを含む常用（期間の定めのない雇用）とパートタイムを除く常用、それぞれに関して、職種別（大分類）で示した（8-2）。

2016年度の有効求人倍率は全体の平均では1・39ときわめて高く、マクロ経済全体

8−2　職種別（大分類）でみた2016年度の有効求人倍率

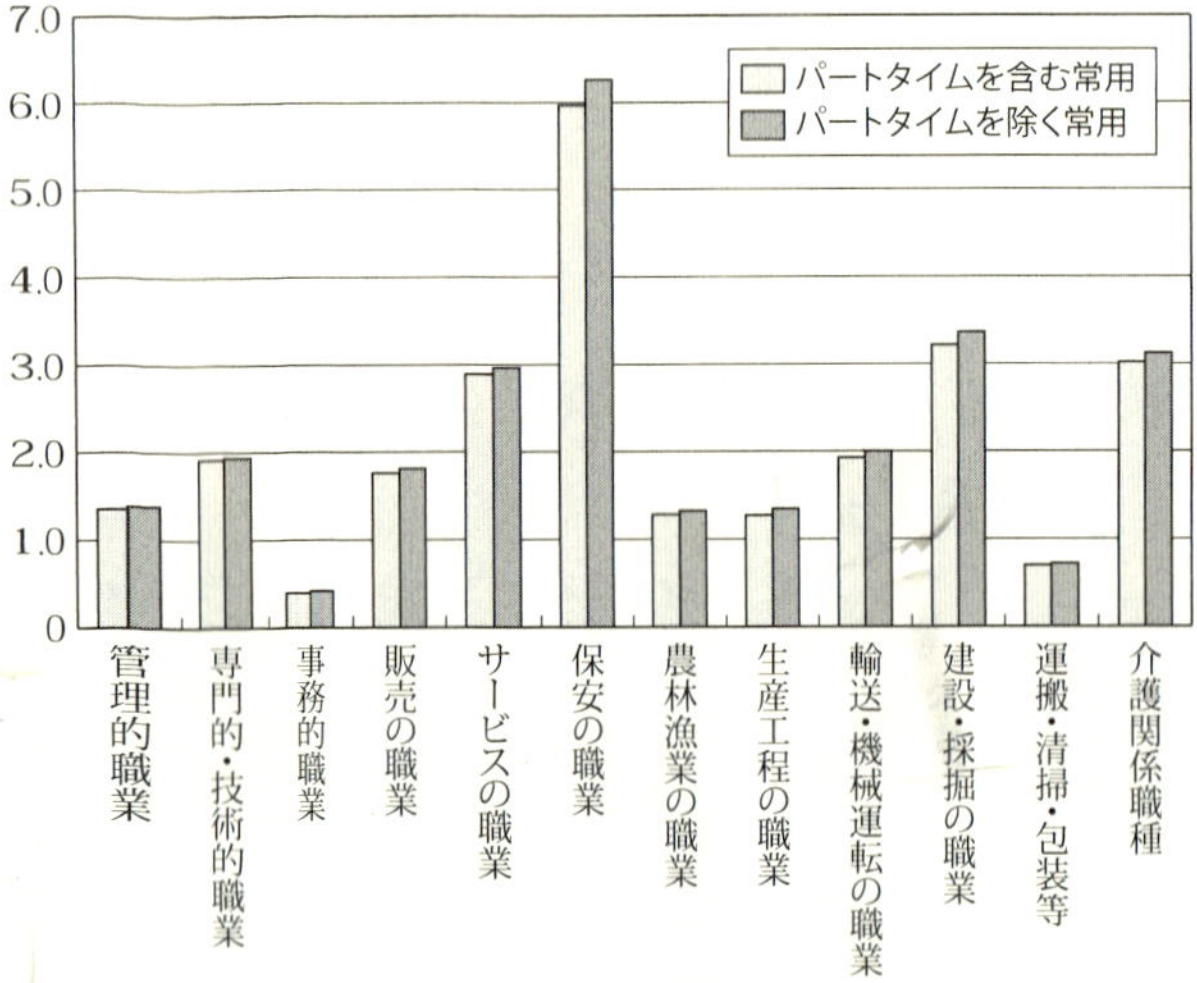

注：介護関係職種とは2011年改定「厚生労働省職業分類」に基づく「福祉施設指導専門員」、「その他の社会福祉の専門的職業」、「家政婦（夫）、家事手伝い」、「介護サービスの職業」の合計。
出典：厚生労働省「一般職業紹介状況（職業安定業務統計）」

の数字だけをみると、労働市場が超過需要にあったことを示している。実際、保安の職業、建設・採掘の職業、および介護関係の職種では、有効求人倍率が3を超えており、人手不足が深刻であった。

その一方、事務的職業や運搬・清掃・包装等の職業は、1を大きく下回っており、労働力はむしろ過剰となっている。これら労働力が過剰な業種では、OA化（オフィスの事務システムの自動化）やロボットなどを利用した作業効率化が労働力を代替した影響が大きかったと考えられる。

また、職種別（大分類）では有効求人倍率が1を超える職種でも、より細かな分類では人手不足かどうかの状況はさまざまである。

たとえば、製造業に対応する生産工程の職業において、特殊な技能を必要とする機械整備・修理の職業や製品検査の職業（金属除く）では有効求人倍率が2を上回っており、人手不足が顕著である。これに対して、ロボットなど新技術で従来の労働力が代替される傾向にある生産設備制御・監視の職業（金属）、生産設備制御・監視の職業（機械組立）、機械組立の職業、および生産関連・生産類似の職業では、有効求人倍率は1を下回っており、余剰人員が発生している。

新技術の導入は、それによって既存の労働力を代替することが可能かどうかによって、雇用や賃金に与える影響が大きく異なる可能性があることを示唆する結果といえる。

需要不足による影響とは

アセモグルらの分析は、経済の供給サイドにのみ注目したものであり、労働人口の減少が需要サイドを通じて、経済にどのような影響を及ぼすかは議論しなかった。これは、かれらのモデルでは、価格の需給調整メカニズムが働き、労働や資本ストック（機械・設備）が適切に変化することが前提とされたため、経済全体の供給量の変化に応じて総需要が調整される結果、需要サイドを考慮した場合でも、その結論はほとんど変わらないからである。

しかし、価格が硬直的で、労働や資本ストックがスムーズに調整されない経済では、需要サイドの変化が総生産に与える影響は大きく、経済の供給サイドにのみ注目した議論だけでは十分なものといえなくなる。その場合、労働人口の減少は、需要サイドを通じて経済に大きなマイナスの影響を及ぼす可能性が生まれる。

価格が硬直的で、労働や資本ストックがスムーズに調整されないケースでも、ロボットなど新技術の導入によって代替が進む場合、労働人口が減少した際の経済全体の供給能力（潜在生産量）の減少は限定的となる。

その一方、国内人口の減少に伴って、国内消費や国内投資は減少するため、総需要は低迷する。このため、価格が硬直的で、労働や資本ストックがスムーズに調整されない場合、総人口が減少すると経済全体で需要不足が発生し、マクロ経済では供給過剰によるデフレ圧力が働くことになる。

その結果、人口減少は、仮に供給能力への影響は小さかったとしても、経済全体に大きなダメージを与える可能性があり、需要サイド面から人口減少の負の影響を抑える対策が必要になってくる。

これら負の側面の存在に鑑みれば、仮にイノベーションによって新技術が労働力の不足を代替するとしても、技術革新で豊かな国民生活が実現できるという結論は短絡的といえる。

人口減少に伴う需要不足を補うためには、外需の取り込みが一つの有力な施策となる。今後は、これまで以上に外需の重要性は高まるであろう。

特に、これまでわが国の輸出は、製造業がけん引する傾向が強かった。しかし、非製造業以外の分野でも、日本の強みを活かして、輸出を拡大する余地はまだまだ大きいといえる。また、外国人旅行者を日本へ誘致するインバウンドの拡大も重要な施策である。

訪日外国人観光客の数は飛躍的に増加しているが、依然として総数では世界の主要国には見劣りする。国内市場が縮小するなか、さまざまな外需の取り込み効果は、わが国の成長戦略のなかでも、もっとも優先度が高い施策の一つである。

景気動向を反映しなくなった有効求人倍率

サマーズの議論をもとにGDPギャップを計測すると、わが国にはリーマン・ショックから回復した後も、大きなGDPギャップが発生していたことになる。「実感なき景気回復」や人々の根強い「デフレ懸念」は、そのようなマイナスのGDPギャップの存在と整合的である。ただ、その一方で、労働市場は有効求人倍率が1を大きく超えるなど、ほぼ完全雇用の状態で人手不足が顕在化している。このため、「日本経済に依然として大きなGDPギャップが発生している」とする主張に対しては、人手不足の状態の労働市場で、果たしてGDPギャップが存在するのかという反論がある。

確かに、従来の経済成長理論が考えたように、労働と資本が補完的なケースでは、労働市場が人手不足であれば、資本もほぼフル稼働の状態にある傾向が強いため、GDPギャップを生み出すような過剰な供給能力は発生しにくい。なぜなら、両者が補完的である限り、労働と資本、それぞれをバランスよく使用するのが企業にとっては最適となるからである。わが国でも、かつて有効求人倍率は景気の動向と密接な関係があった。

しかし、労働と資本が代替的なケースでは、労働市場が人手不足であっても、資本がほぼフル稼働の状態にあるとは限らない。これは、労働と資本が代替的な場合、労働がフルに利用されればされるほど、資本の生産性は低下する傾向があるからである。

わが国では、人手不足の程度を示す有効求人倍率は、かつては景気の動向と密接な関係があった（すなわち、景気の良いときにだけ人手不足が発生していた）。しかし、近年では、有効求人倍率は、以前のような景気の動向と密接な関係は薄れてきている。

内閣府が発表する景気動向指数CI（コンポジット・インデックス）一致指数と、有効求人倍率の動向を同時にグラフに示した（8-3）。CI一致指数は、景気の動きを反映する代表的な経済指標を合成することで、景気変動の大きさや量感を表したものである。CI一致指数の増加は「景気回復期」、減少は「景気後退期」にそれぞれ対応する（図では、内閣府の景気動向指数研究会が確定した景気後退期を影で表してある）。

この図から、2009年3月の景気の「谷」までは、振幅の大きさは異なるものの、CI一致指数と有効求人倍率は、おおむね同じようなアップダウンを繰り返してきたことがわかる。しかし、リーマン・ショックからの回復期にあたる2009年3月以降は、CI一致指数がアップダウンを伴った上昇を示したのに対して、有効求人倍率はほとんど減少

8−3　有効求人倍率と景気動向指数CI一致指数の動向

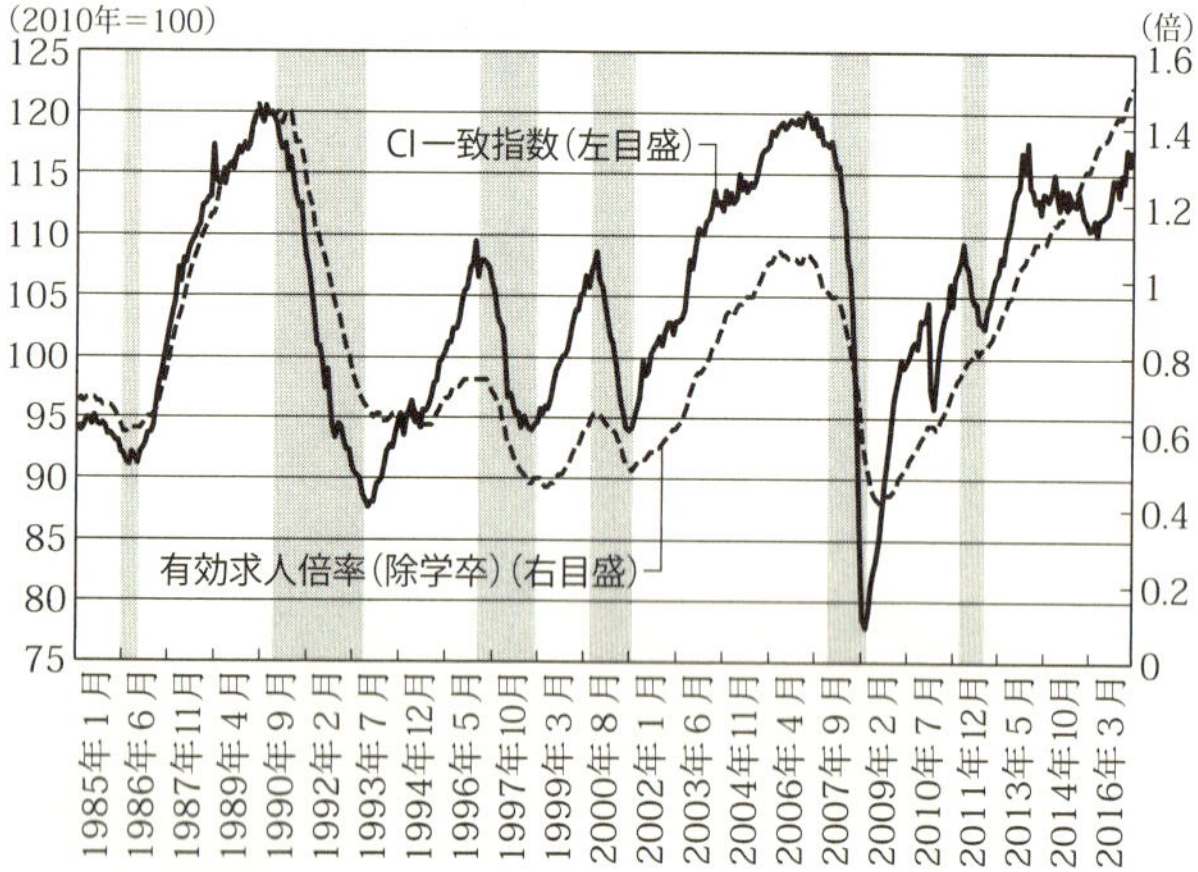

注：有効求人倍率は、新規学卒者を除きパートタイムを含む季節調整値。
出典：厚生労働省『一般職業紹介状況（職業安定業務統計）』および内閣府・経済社会総合研究所景気統計部

することなく一方的に上昇を続けた。

当時の有効求人倍率の上昇は、労働人口の減少に伴う人手不足を反映したもので、景気が減速してもそのトレンドに変化はなかったといえる。今日、有効求人倍率は、かつてのように景気の動向を反映するものではなくなっている。

わが国では、今後、これまで以上に急速な少子高齢化の進行が見込まれている。そうしたなかで、今後も、労働市場では人手不足の状態が続くことが予想される。しかし、労働市場で人手不足の状態が続いたとしても、もはや景気が回復していると判断することはできない。これは、不足する労働力を新技術で代替する動きが今後も加速していくなかで、特に注意しなければならない問題である。

企業に広がる資金余剰

需要不足が発生している21世紀型の経済において、労働は完全雇用に近いが、資本は完全には稼働していない。このような事態は、物理的な資本ストックよりも企業の手元資金の増加という形で顕在化しやすい。

実際、近年、労働市場において人手不足の状態が続いているのとは対照的に、資金市場ではカネ余りの状態が拡大している。特に、多くの日本企業では、資金余剰が拡大すると同時に、保有する現預金の金額が増えている。かつて、企業（民間非金融法人）の間では、銀行などからの借り入れに大きく依存する資金不足が一般的であった。それが、借金を返済し、現預金を貯めこむ資金余剰へと大きく変容している。手元資金が有利子負債を上回る実質無借金の企業数は、上場企業を中心に大幅に増加している。これは、企業が手持ち資金をフル活用していないことを示唆する（企業が余剰資金を保有する動機に関しては、福田（2017b）を参照のこと）。

8−4　日本企業の資金過不足の推移

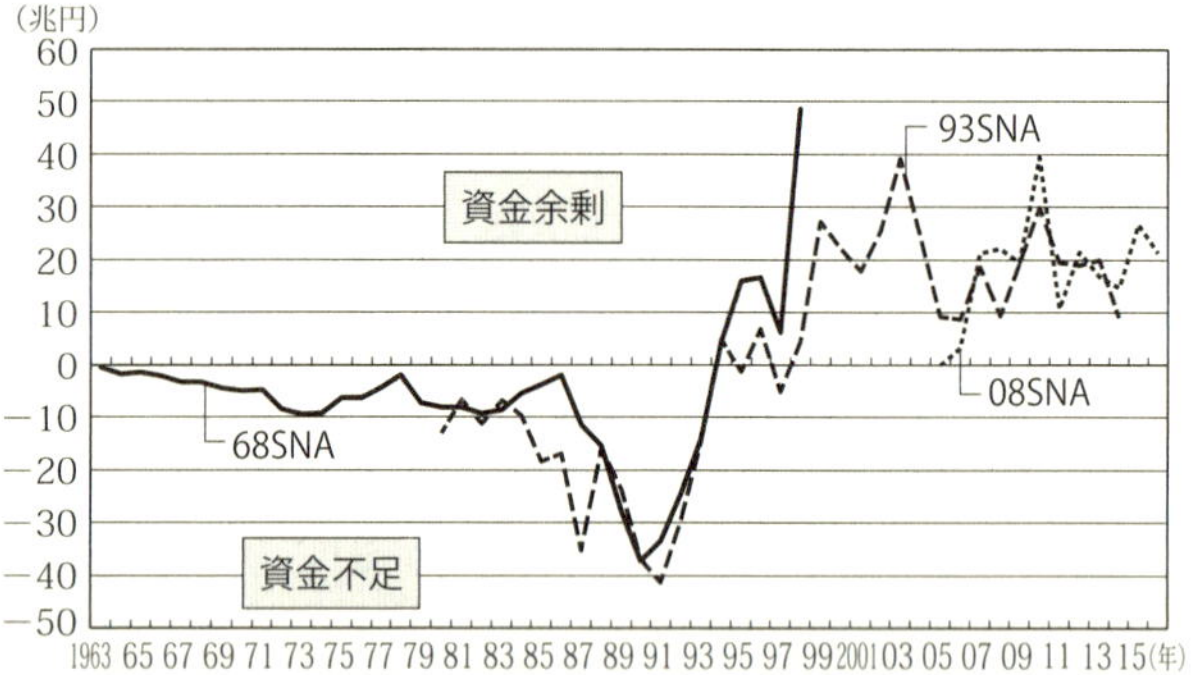

注：68SNA、93SNA、08SNAは、それぞれ国民経済計算に関する国際基準1968SNA、1993SNA、2008SNAに対応。
出典：日本銀行『資金循環統計』

日銀が発表する『資金循環統計』を使って、1963年以降の民間非金融法人の資金過不足（フロー・ベース）の推移を年度ベースで示した（8－4）。

各時期とも、民間非金融法人の資金過不足には、景気変動に伴う一定のアップダウンがみられる。しかし、時間を通じた流れをみると、1990年代初頭まで慢性的な資金不足（マイナス）にあった日本企業が、1990年代半ば以降、慢性的な資金余剰（プラス）に転じたことが読み取れる。特に、2000年代になって日本企業の資金余剰は拡大し、20兆円を超える年も少なくなかった。このような資金余剰の企業は、最近では、大企業だけでなく、中堅・中小企業でも増えていることが知られている。

慢性的な企業の資金余剰は、結果的に日本企業が保有する現預金の増加につながっている。たとえば、1990年半ば以降、民間非金融法人の保有する現預金がどのように増減したのかをみると、資金余剰の下でも、日本企業が保有する現金や定期性預金はほとんど増加していない。その一方で、日本企業が保有する流動性預金（普通預金や当座預金など）は、年によっては大きく増加した。なかでも、2001年度、2010年度、2015年度には10兆円超の流動性預金が日本企業の内部に新たに積み上がっている。近年、多くの企業が、いつでも引き出せる流動性預金として余剰資金を貯めこんだことになる。

法人部門の資金余剰は、収益の回復を背景に、日本企業の財務の健全性が高まったことの裏返しでもある。ただ、余剰資金の多くは利子率がゼロに近い預金（特に流動性預金）で保有されているケースがほとんどで、日本企業の自己資本利益率（ROE）の低迷の原因ともなっているという指摘もある。

2014年8月に公表された経済産業省の「持続的成長への競争力とインセンティブ～企業と投資家の望ましい関係構築～」プロジェクトの「最終報告書（伊藤レポート）」では、日本企業のROEは世界の平均像に比べて低く、これが企業評価の高まらない原因とし、

「日本企業は最低限8パーセントを上回るROEをコミット（公約）すべき」との提言が行われた。個々の企業の事情に鑑みれば、ROEが企業評価基準のすべてではないものの、豊富な手元資金を有効活用し、その収益力を高めていくことの必要性を唱える声は少なくない。

伸び悩む借り入れ需要

仮に経済の好循環が続いているのであれば、労働市場で人手不足が顕在化すると、それを補うために資本ストックは増えるのが自然である。したがって、仮に人手不足の日本経済で需要不足が解消されているとすれば、企業の設備投資は活発となり、その分、資金余剰が減少して、借り入れ需要は増加しているはずである。

しかし、実際には、日本企業による設備投資は依然として力強さを欠く一方、資金余剰はむしろ拡大し、借り入れ需要も高まっていない。

２０１２年12月にアベノミクスがはじまって以降、さまざまなマクロ経済による指標が改善するなかで、貸し出し残高も金額ベースでは回復する兆しがないわけではない。ただ、その回復のスピードは遅く、同時期、預金が貸し出し以上に増えたことで、銀行の預貸率

（銀行の預金に対する貸し出しの比率）はむしろ下落傾向にある。

より大きな問題は、貸し出し金利が足元でも低下していることである。2000年代前半には1・6パーセントを超えていた貸し出し金利は、リーマン・ショック以降、短期と長期いずれも下落を続け、短期に続いて長期も1パーセントを割り込んでしまった。預金金利がほぼゼロに近いとはいえ、貸し出し金利が低下すれば、それだけ銀行の貸し出し利ザヤは減少する。したがって、貸し出し金利が1パーセントを割り込めば、銀行は新たな貸し出しを行ってもほとんど利益が上げられないことになる。

このように貸し出し金利が低迷する理由としては、日銀による超低金利政策が続いていることに加えて、企業の借り入れ需要がきわめて弱いことが挙げられる。日本企業は、人手不足が顕著となるなかでも、資金を大規模に借り入れて資本設備を拡張しようとはしていないのである。

企業の借り入れ需要が高まらない一方で、その資金余剰が拡大の一途をたどるという現象は、多くの主要国で共通にみられる21世紀型の長期停滞における顕著な特徴になりつつある。

第9章　財政の持続可能性を問う

拡大を続ける日本の財政赤字

わが国では、巨額に膨らんだ財政赤字の結果、国と地方を合わせた債務残高はGDP（国内総生産）の2倍を超えており、事態は深刻である。なかでも、少子高齢化の進展に伴って、社会保障関係費は着実に拡大を続けており、財政赤字拡大の大きな要因となっている。今後も、社会保障の給付が経済成長を上回って増大することが予想されるなか、将来にわたって持続可能な財政収支を維持していく上で取り組まなければならない、多くの困難な課題が横たわる。

財政赤字削減も、わが国が取り組むべき構造改革のなかでは、もっとも優先度が高いものの一つといえる。

戦後の日本では、長い間、財政法（1947年施行）のルールにのっとって健全な財政運営が行われ、財政赤字は1970年代の半ばまで、きわめて小さいものであった。1975年以降は、財政赤字が慢性的に続いたが、それでも1990年代初頭の政府債務残高（対GDP比）の大きさは、先進主要国で中位であった。

しかし、バブルが崩壊した後の1990年代以降、財政赤字は大きく膨らみ、2000

9−1　主要先進国の国および地方の債務残高（グロス、GDP比）

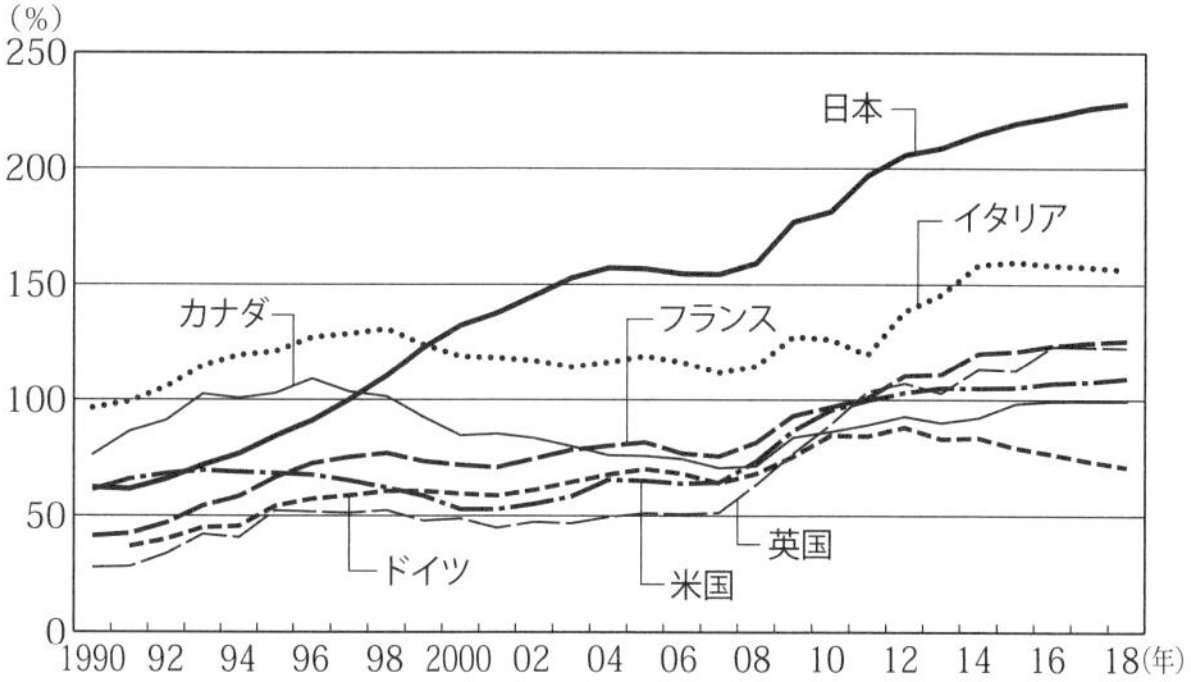

注：2017年と2018年は予測値。
出典：OECD（経済協力開発機構）*Economic Outlook No.101.*

年代には、対ＧＤＰ比でみた政府債務残高（グロス）は主要国で突出するものになった。国と地方を含めた一般政府の債務残高を対ＧＤＰ比でみた場合、日本の値は２０１１年には２００パーセントを大きく超え、ドイツや米国だけでなく、政府債務危機が懸念されたイタリアの値さえ大きく上回っている（９－１）（政府債務残高の対ＧＤＰ比は、政府が保有する資産を差し引いたネット（正味）では、図で示されたグロスのものよりも少なくなる。しかし、それでも日本が主要国で政府債務残高の対ＧＤＰ比が突出していることには変わりがない）。巨額な財政赤字は、中長期的には、財政破綻という潜在的なリスクを日本経済にもたらしている。

より注意すべき点は、このような財政赤字の拡大が、すでにわが国のマクロ的な資金フロー

9−2　わが国の資金フロー（概念図）

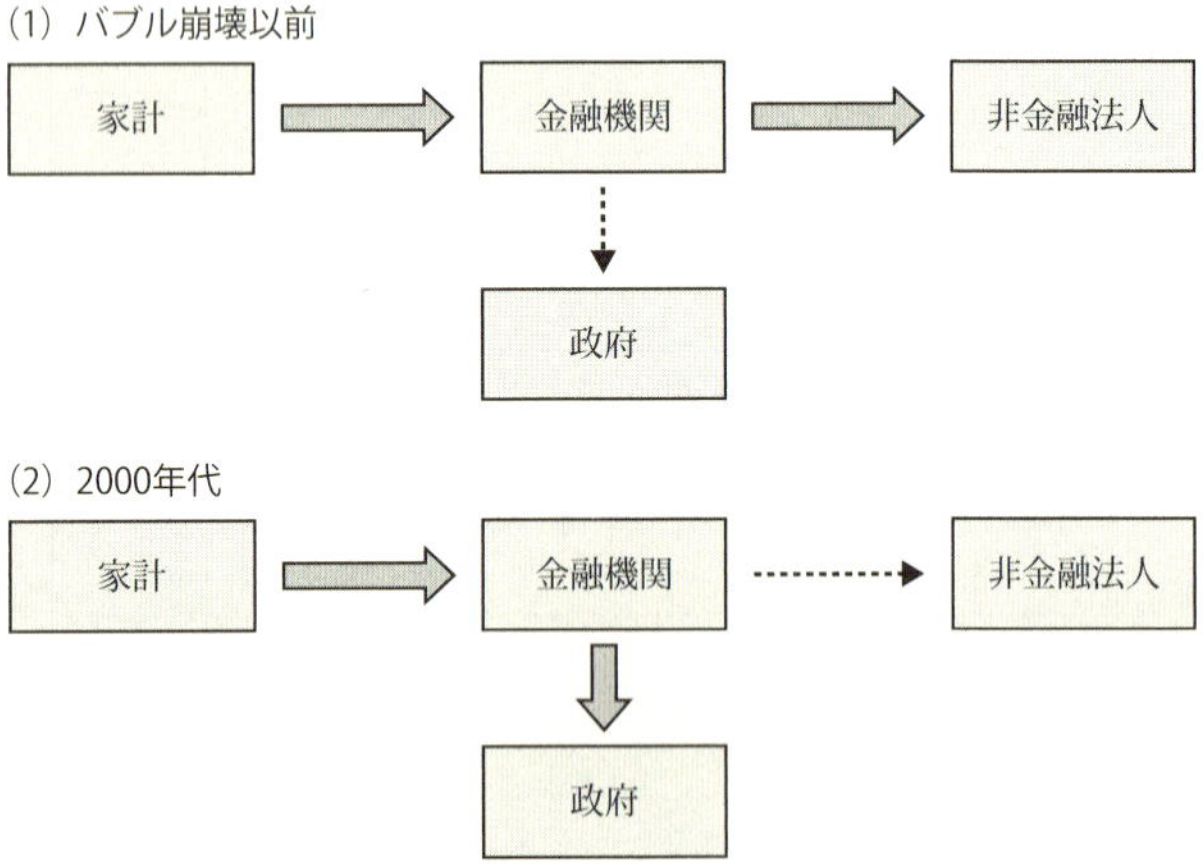

を歪める形で、日本の潜在成長力を大きく低下させてきたことである。

　図（9－2）で資金フローを概念的に示したように、1980年代までの日本経済では、家計貯蓄の大半が、金融機関を仲介して、生産的な企業（非金融法人）に流れていた。金融機関がその「目利き力」を発揮し、より生産性の高い企業により多くの資金を配分するメカニズムが機能していたといえる。しかし、2000年代には、家計貯蓄の大半が、金融機関が保有する国債等の増加を通じて、政府に流れる構図に変化してしまった。その結果、政府の赤字が、最終的には家計の膨大な金融資産で補塡されるという構図が定着してしまったのだ。

政府の活動は、仮に生産的でなくても、社会政策上、重要となる場合があることは否定しない。また、政府のすべての活動が非生産的であるとまではいえない。しかし、ほとんどのケースで、政府の活動は、民間の活動よりも、生産性という面では劣っていることは事実であろう。

財政赤字の拡大によって、家計部門の豊富な貯蓄の行き先が、金融機関を介して、生産性の高い非金融法人部門から、生産性の低い政府部門へと変化したことは、日本の成長力を大きく低下させてきた一因であったと考えられる。今後も財政赤字の拡大を放置すれば、その負の影響もますます大きくなっていくことが懸念される。

遠い財政再建の道のり

日本政府の債務残高は、毎年、多額の国債発行が積み重なり、国際的にも歴史的にみても最悪の水準にある。このまま財政赤字を放置すれば、欧州諸国のような財政危機が発生するリスクは高まる。また、仮に財政危機にまでは至らなくても、後世の世代はそれを返済する重い負担を背負うことになる。このような事態を防ぐためにも、政府の債務残高がこれ以上伸び続けないよう、財政再建を行うことが重要となる。

しかし、２０２０年度までに国・地方の基礎的財政収支（プライマリー・バランス）を黒字化するという政府が掲げてきた財政健全化目標でさえ、２０１７年9月に先送りが正式に決定された。

これまでも、内閣府による「中長期の経済財政に関する試算」で、中長期的に実質2パーセント、名目3パーセント以上の高いＧＤＰ成長率を継続する「経済再生ケース」であっても、２０２０年度の国・地方の基礎的財政収支は大幅な赤字となることが示唆されてきたのは事実である。しかし、２０１７年7月の試算は、２０１６年7月の試算値の赤字を大きく下方修正したものとなっており、黒字達成の見込みも２０２５年度へとさらに先送りとなっている（9-3上）。税収が予想よりも減少した影響があったとはいえ、国際公約でもある財政健全化目標がいかに達成困難なものであるかが、いまや明らかとなった。

しかも、内閣府による「経済再生ケース」の試算は、高齢化による社会保障歳出への影響はある程度考慮されているものの、その他の政府歳出の増加が物価上昇率並みに抑制され、15年度に0・8パーセントだった潜在成長率が20年度には2パーセント以上へと急回復するという楽観的なシナリオを想定したものであった。

成長率がそれほど回復せず、中長期的に経済成長率が実質1パーセント弱、名目1パー

9－3　国・地方の基礎的財政収支の見通し

(1)　経済再生ケース

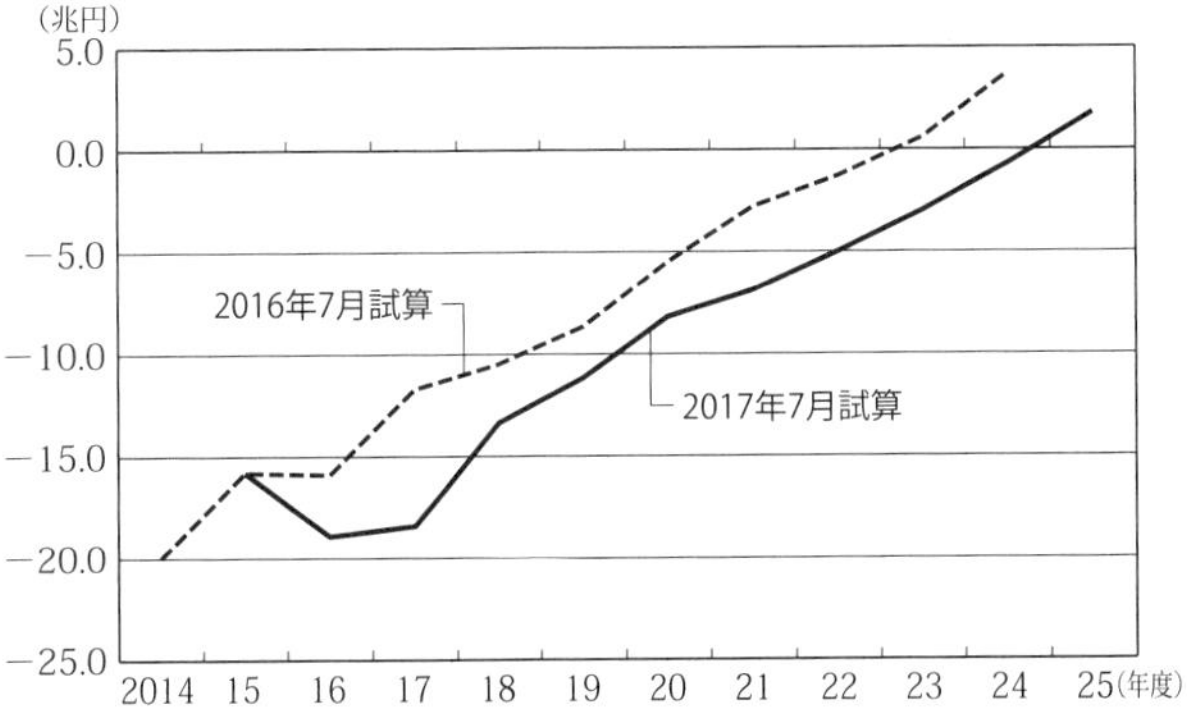

(2)　ベースラインケース

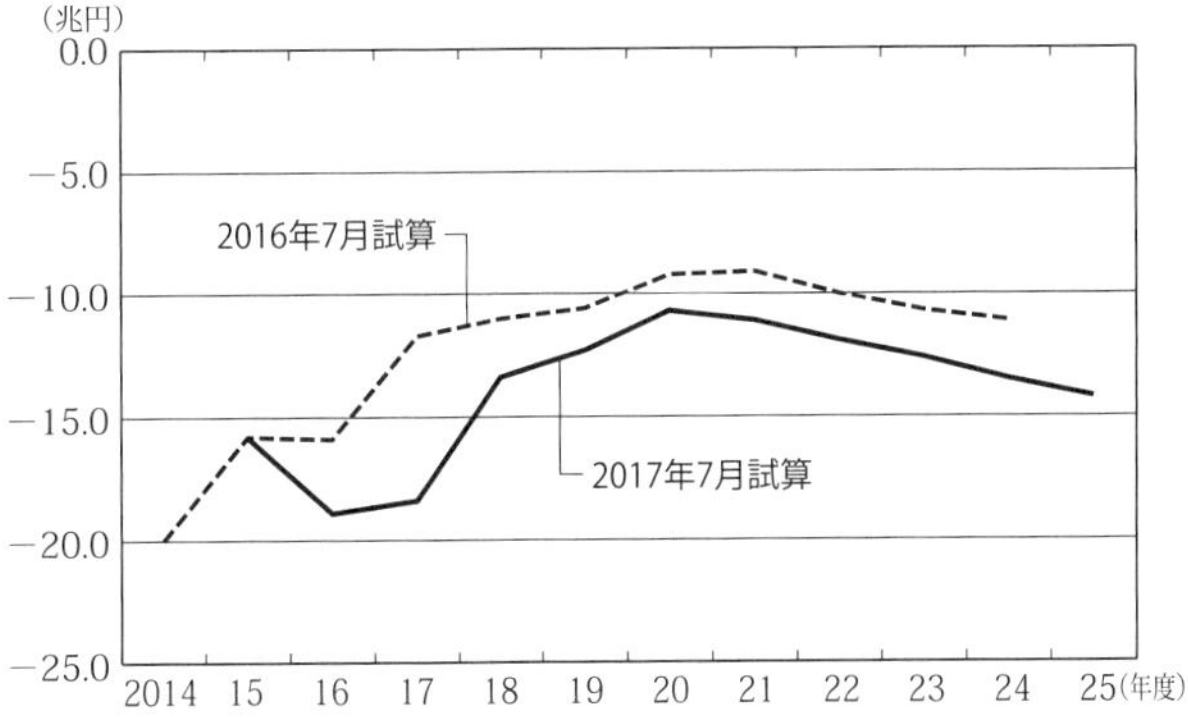

出典：内閣府「中長期の経済財政に関する試算」2016年7月26日経済財政諮問会議提出分
　　　および2017年7 月18 日 経済財政諮問会議提出分

セント半ば程度にとどまる「ベースラインケース」（9-3下）の試算では、2020年度の国・地方の基礎的財政収支の赤字はさらに深刻である。さらに、この試算では、東京オリンピックの翌年、2021年度以降に基礎的財政収支は再び拡大し、2025年度には15兆円に近い赤字となっている。

国と地方を合わせた長期債務残高は、対GDP比で200パーセントをすでに超えており、国際比較をした場合、数字上では財政危機が顕在化したギリシャなど南欧諸国よりも事態は深刻である。

日本政府は借金が多い一方で「埋蔵金」と呼ばれる資産もあるという指摘もあるが、保有資産の大半は直ちに売却して借金の返済に充てられるものではなく、財政が危機的な状況にあることには変わりがない。しかも、他の先進国よりはるかに急速な少子高齢化が進行しており、今後も社会保障の給付が経済成長を上回って増大することが予想されるのだ。

政府は「経済再生なくして財政再建なし」と繰り返してきたが、経済再生の足取りは鈍く、財政健全化の道も一段と険しくなっている。

財政危機のリスク

国債など政府債務は、政府の借金であり、いずれは返済しなければならない。このため、18世紀の英国の経済学者デイビッド・リカードが指摘したように、国債を償還するには、増税や歳出カットなどによってその財源を確保することが本筋である。

しかし、借金をした人が借りたお金を必ずしも返済するとは限らないのと同様に、政府の借金である政府債務も100パーセント返済される保証は必ずしもない。このため、国債残高が極端に膨れ上がり、国債の利払いや償還のための財源の確保が難しいという非リカード的な見方が広がると、極端なインフレや国債利回りの高騰を伴う財政危機が発生し、その国の通貨の信頼を揺るがすことになる。

これまでのところ、第二次世界大戦後の先進国で、政府が破産し、借金である国債を償還できなくなった事例はほとんどない。しかし、このような財政危機は、敗戦国経済や成長に行き詰まった途上国で、これまでもしばしば発生し、経済に大混乱を引き起こしてきた。これらの国々では、経済が極端に停滞し、国債の利息を支払うための税収すら確保できないという状況が発生したのであった。

また、近年では、ギリシャの財政問題に端を発した債務危機が、イタリアやスペインといった財政赤字の累積が膨らむ懸念のある他の欧州諸国でも発生し、欧州統一通貨であるユーロの信頼も揺るがす事態へと発展した。日本政府もこのまま財政赤字の累積を放置すれば、財政危機という事態が起こる可能性は現実味を帯びてくる。

ただ、日本に関しては、大幅な政府債務残高の増加にもかかわらず、国債の利回りは依然として歴史的な低水準で推移している。しかも、このような国債利回りの低下が、日本の国債残高が大幅に増加した時期に、より顕著に起こってきた。

仮に、国債の安全性に対する疑念が高まるのであれば、リスクを反映して利回りは上昇するはずである。しかし、実際にマーケットで起こったことは利回りの低下であり、債務残高の大幅な増加にもかかわらず、日本国債の安全性に対する疑念はまだ市場では生れていないことになる。

なぜ国債利回りは低いのか

日本において膨大な国債残高にもかかわらず、その利回りが低水準で推移したことには、さまざまな要因が影響してきたと考えられている（日本の財政の維持可能性に関しては、井堀編（2004）や伊藤（2015）の議論が有益である。また、福田・照山（2016）の第8章は、マクロ経済学の観点から日本の財政赤字を論じている）。

このため、今後、国債利回りがどのように推移するかに関しては、多角的な視点から考えていく必要がある。しかし、きわめて深刻な財政赤字の累積にもかかわらず、利回りが低水準であったことを説明する上で、もっとも重要と考えられる要因が二つある。国内の金融機関に偏った特異な国債の保有構造と、日銀による長引く超低金利政策である。

図（9－4）は、2011年12月末時点と2017年6月末時点の日本国債の保有者内訳を示したものである。

その内訳をみると、日銀に加えて、銀行や年金・保険といった金融機関の保有比率が高いことがわかる。2011年12月末時点では、銀行など預金取扱機関が4割以上、保険会社や年金基金が2割以上を保有し、その合計保有比率は7割近くに達していた。近年は、日銀の保有比率の急上昇でそのシェアは減少しているが、それでも2017年6月末時点で合計保有比率は4割を占めている。

銀行や保険会社が国債を大量に保有している理由は、日本経済が低迷するなかで、預金や掛け金で受け入れた資金を運用する先が限られてきたことにある。また、各種の金融規制の結果、これら金融機関が資産の一定割合を日本国債で保有することが必要であったことも、国債に偏った資産選択が行われた要因だった。

今後、財政赤字の累積がさらに進んでも、金融機関が安定的な保有者として国債を持ち続ける限り、利回りが上昇しにくい状況は当面続くであろう。

加えて、1990年代末から継続されてきた日銀の超低金利政策が、利回りを大きく低

9−4　国債等の保有者内訳

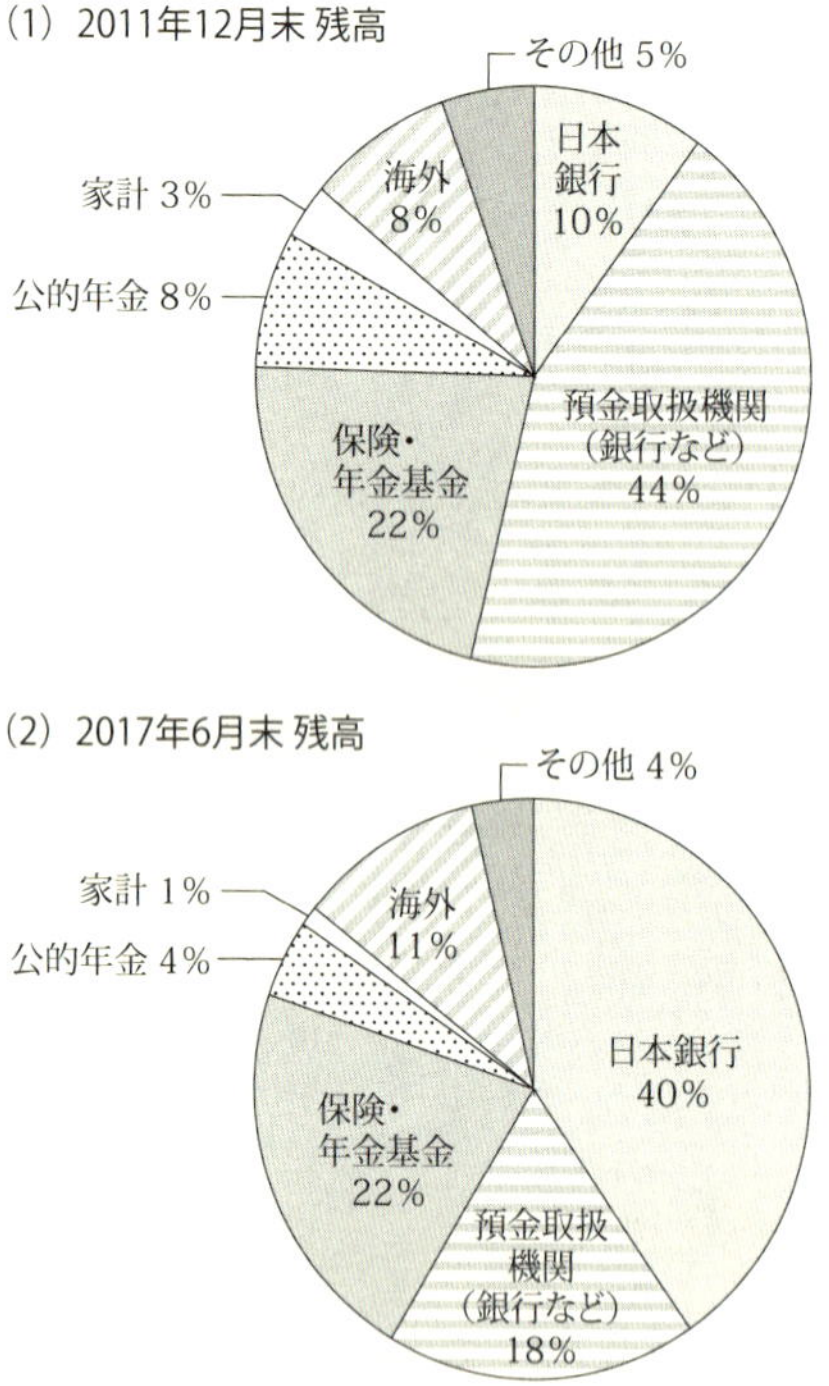

注：国債等とは、「国庫短期証券」「国債・財融債」の合計。
出典：日本銀行『資金循環統計』

下させてきたのが要因であった。超低金利政策の下で、日銀は、国債の大量購入によって金利をゼロに近い水準に誘導するだけでなく、それを物価が上昇するまで継続すると公約してきた。この公約によって、市場では、当面の間は金利が低いままであるという期待が広がり、それが長期金利である国債の利回りを押し下げてきたといえる。

特に近年では、異次元の金融緩和政策の結果、日銀の国債保有者に占めるシェアの高さが際立ってきている。2013年4月に量的・質的金融緩和政策がはじまって以降、日銀が買い入れる長期国債の保有残高は急激な勢いで増加し、政府が国債を新たに発行しても、それを日銀が事実上買い入れる状況が生まれている。日銀の保有比率は、2011年12月末時点では1割ほどであったものが、2017年6月末時点には4割にも増え、他を圧倒するシェアに達している。

いまや、日銀による国債の大量購入が、利回りが低水準で推移する最大の要因になっているといっても過言ではない。これは、中央銀行による「財政ファイナンス（中央銀行が財政赤字を負担）」という側面があり、財政再建に向けた取り組みを大きく遅らせる懸念がある。

低利回りはいつまで続くか

以上みてきたように、巨額な政府債務残高にもかかわらず、その利回りが低水準で推移してきた大きな理由は、金融機関に偏った国債の保有構造と日銀による超低金利政策などの影響で、本来は起こるべき市場からの警鐘が抑圧されてきたからであった。

ただ、低金利下で財政規律がさらに緩みがちとなるなか、国はいつまで財政危機を生み出すことなく借金を続けることができるのか、その先行きは決して楽観できるものではない。

超低金利政策に関しては、デフレ懸念が根強いなかで当面は継続される可能性が高いものの、いつかは「出口」を迎えることは確かである。「出口」を迎えても、日銀が保有する長期国債をすぐに市場で大量に売却するわけではない。しかし、超低金利政策が終われば金利は徐々に引き上げられ、それに伴って日銀の国債保有額も徐々に減少していくことになる。このため、将来的に市場が日銀による国債の買い支えを「それで打ち止め」とみなす事態になれば、金利の先高観が生まれ、国債市場は波乱含みとなる。

また、国内金融機関も、今後、これまで通りに安定して国債を持ち続けるかどうかは明らかではない。これまで国内金融機関の国債保有比率が高かった背景には、マクロ・レベルでみた日本の貯蓄と投資のバランスが貯蓄超過にあったことがある。政府の借金である国債残高が膨らんでも、国内でそれを上回る資金余剰が生まれていたため、国債に対する購入意欲が高く、国債の利回りも低水準で推移してきた。しかし、これから少子高齢化が急速に進行するなかで、家計の資金余剰は徐々に取り崩されていくことが予測されている。

それに伴って、預金や貯蓄性保険も縮小していくことになり、安定して保有してきた金融機関が日本国債を売却するという事態は十分に起こり得る。このような見通しが現実味を帯びてくれば、やはり国債市場は不安定化するであろう。

財政危機がもたらす負の連鎖

今後、もし国債価格が暴落するなど財政危機が起これば、経済に深刻な影響をもたらすことは間違いない。とりわけ、日本のように金融機関が国債を大量に保有している場合、それは金融危機の引き金ともなる恐れがある。なぜなら、財政危機が発生すると、保有する国債価格が下落し、それによって金融機関が保有する資産価値が大きく毀損するからである。

通常、保有資産の価値が悪化し、自己資本比率が低下した場合、公的資金の投入によって金融機関の自己資本比率を回復させることが有力な政策手段となる。しかし、政府債務の拡大が金融危機の引き金である場合、公的資金の投入は有効な政策手段とはならない。なぜなら、公的資金の投入によって財政赤字がさらに拡大すれば、国債価格がより下落し、財政危機と金融危機の両方をさらに拡大しかねないからである。

実際、このような財政危機と金融危機の連鎖は、近年、欧州で債務危機が起こった際に、スペインで顕在化した。

スペインは、債務危機が顕在化するまでは、政府債務は他国と比較してそれほど大きなものではなかった。しかし、景気が急速に落ち込み、大量の不良債権を抱えた銀行の危機が伝えられると、その救済に巨額な公的資金が必要になるという思惑から、スペイン国債の価格が暴落した。そして、この国債の暴落は、政府による銀行の救済が遅れるという思惑を新たに生み出し、金融危機をさらに深刻なものとしてしまったのだ。

スペインにおける財政危機と金融危機の連鎖は、ドイツを中心とした他の欧州諸国からの救済スキームが示されたことで、結果的には収束に向かった。しかし、このスペインでの教訓は、財政危機と金融危機の連鎖がいかに問題を深刻化させるかを如実に示すもので、わが国でも学ぶべきことは少なくない。

不可欠な社会保障改革

今日でも、政策の効果を高めるためには財政支出の拡大は不可欠で、消費税率引き上げの再延期が必要であるとする声は少なくない。また、一部の政府関係者やエコノミストのなかには、高い経済成長さえ実現すれば、日本の財政は十分に持続可能なもので、国と地方の基礎的財政収支を黒字化する財政健全化目標にこだわる必要はないとする声もある。

しかし、客観的にみれば、わが国の政府債務残高の大きさは異常であり、当面は日本国債の利回りが低水準で推移し続けることはあっても、このまま政府債務の拡大を放置すれば、いつかは深刻な財政危機が起こる可能性は高い。

このような財政危機を回避し、将来にわたって持続可能な財政収支を維持していくためには、とりわけ、給付と負担のアンバランスを解消する社会保障制度改革を早急に進めていくことが重要であろう。

日本は、年金や国民皆保険など社会保障制度が相応に充実している中福祉国である。その一方、それを賄うための税と社会保険料では、OECD諸国のなかでも低負担国の一つである。「中福祉・低負担」というアンバランスを解消することなく、財政赤字を解消することは不可能に近い。

拙速な緊縮財政は景気を冷え込ませるため、財政再建への道のりは決して容易ではない。しかし、内閣府「中長期の経済財政に関する試算」の「ベースラインケース」でも明らかになったように、もっとも可能性の高いシナリオでは、仮に消費税率を10パーセントに引き上げたとしても、2021年度以降、財政赤字がさらに拡大の一途をたどると考えるのが自然である。

本来、2020年度までの財政健全化は、人口の多い団塊の世代が、後期高齢者になる前に一定の負担をしてもらうことで世代間格差を緩和するという点においても、意味のある目標であったはずである。その目標達成が先送りされたなか、財政赤字拡大に歯止めをかけるためには、最大の歳出項目である社会保障関係費の見直しは喫緊の課題である。

社会保障制度の見直しは、高齢者を中心にその仕組みに頼って生活している人々から強い反対を受けやすい。政治的には不人気な改革といえる。しかし、不人気な改革には蓋をし、やりやすい改革だけを行っても、真の問題の解決にはつながらないだろう。

終章　「豊かな社会」を実現するために

望まれる構造改革

これまで述べてきた通り、21世紀型の長期停滞は、本来の実力より低い生産水準が「低インフレ」や「低金利」を伴いながら、長い間持続するという特徴があった。このような状態からいかに脱却するかは、今日、多くの先進国が共通して抱える重要な政策課題なのである。とりわけ、日本経済は、長期停滞の持続性という意味で先進国のなかでもっとも深刻な国であり、そこからの脱却に向けた対策は急務の課題として重くのしかかっている。

2012年末に第二次安倍政権が誕生して以降、アベノミクスが従来の政策とは根本的に異なるというレジーム・チェンジを表明することで、人々の期待を好転させ、長らく続いてきたデフレからの脱却を目指してきた。

特に、第一の矢であった日銀による異次元の金融緩和は、大胆な正のショックを経済に速やかに与えることで、当初は一定の成果をもたらした。

21世紀型の長期停滞において、一時的に発生した大きな負のショックがもたらすヒステリシス（履歴効果）の影響を解消することが不可欠で、そのためには大胆な正のショックを速やかに経済に与える必要があったことは確かである。しかし、主たる原因が需要不足や貯蓄超過にある場合でも、その背後には近年になって顕在化した、さまざまな構造的問題があった。21世紀型の長期停滞の契機となったバブルの発生と崩壊、世界的貯蓄過剰、人口減少、所得格差の拡大などの現象は、そのような構造的な問題から生み出されたものと考えられる。このため、経済政策においても、需要不足のみを解消するのではなく、背後にある構造的な問題の解決に同時に取り組む政策が求められるといえる。

アベノミクスの第三の矢であった成長戦略と、そのなかで提唱された構造改革は長期停滞から脱却する上でもっとも重要な政策である。構造改革は、供給サイドの改革として、日本の潜在成長力を高める役割が期待されているだけでなく、需要不足を補うという観点からもその役割は重要である。

わが国では、家計と企業いずれの部門においても、将来の成長見通しに対して悲観論が強く、それが現在の総需要の低迷につながっているという側面が強い。実効性のある構造改革を推進し、将来の日本市場への悲観論をいち早く払拭することが、国内消費や設備投資を増やすことにもつながり、需要不足による長期停滞から抜け出すもっとも有効な処方箋になる。

実効性のある改革とは

将来の生産性を高める構造改革は、全員に分配できるパイの大きさを拡大するものであり、望ましさに疑いの余地はない。ただ、総論では改革に賛成する人々も、各論になると反対の声が上がり、なかなか成長戦略を実行に移すことは難しい。

現在の経済の仕組みを大きく変える政策は、その仕組みに頼って生活している人々から強い反対を受けやすい。その一方、便益は広く薄く生じることが多いので、推進の声はあまり大きくならない。構造改革によって持続的な経済成長を実現するには、既得権益を押し切る強い政治的リーダーシップが必要となる。

もっとも、そのような改革を実行する際に注意すべき点は、新自由主義（ネオ・リベラリズム）が主張するような、国家による福祉・公共サービスの縮小（小さな政府、民営化）や大幅な規制緩和を伴う市場原理主義的な考え方は、必要ではないことである（新自由主義の立場から改革の必要性を論じたものとして、八代（2011）がある）。

むしろ、長期停滞から脱却するための成長戦略において、その背景にある構造的な問題にターゲットを絞って、その具体策をどう打ち出すかが肝要である。とりわけ、急速に進行する少子高齢化と巨額に累積した財政赤字が、他の先進国以上に成長の大きな足かせとなる可能性が高いなかで、わが国が目指すべき構造改革は、それらに関連する問題を集中的に解決するものでなければならない。

役所や業界団体などが改革に強く反対し、緩和や撤廃が容易にできない規制、つまり「岩盤規制」に対して聖域なき構造改革を推進することがテーマとなる場合が少なくない。ただ、岩盤規制だからといって、すべての岩盤をことごとく破壊するような構造改革が必要なわけではない。日本経済の再生にもっとも障害となっている岩盤規制を集中的に切り崩す政策スタンスこそが求められている。

打ち出された具体策が、実現可能なものであることも重要である。長引く長期停滞の現状を打破するには、ある程度ハードルの高い目標を設定することが、場合によっては必要なのかもしれない。しかし、その目標が高すぎて到底実現不可能なものであれば、家計と企業に根強く残る悲観論は逆に拡大する懸念すらある。

「景気の回復が続く」と政府はいっているが、「景気回復の実感はない」という多くの人々の意見は、日本経済の真の実力はもっと高いはずなのにそれが一向に回復できていない、とする考え方に近いものである。人々に広がる悲観論をいち早く払拭する構造改革こそが、長期停滞から抜け出す上での近道になろう。

GDPは信頼できるか

経済が長期停滞に陥っているかどうかを判断する際に、重要な指標となるのがGDP（国内総生産）であった。

安倍政権においても、2015年9月に「アベノミクスは第二ステージに移る」と宣言し、経済成長の推進力として掲げた新たな「三本の矢」（「新三本の矢」）で、2020年の名目GDPを600兆円にするとの目標が掲げられた。GDPは、一国の豊かさを測る代表的な指標として長い間幅広く用いられ、その値を高めることが長期停滞から脱却する上でも重要と考えられている。

もちろん、GDPを使って21世紀型の長期停滞を論じることが本当に適当なのかという批判はあるであろう。実際、GDPには、一国の豊かさを測る理想的な指標とまではいえない面があり、近年でもその統計の指標としての有用性に関して、各方面でさまざまな批判が展開されている。

批判の声は、足元の景気に悲観的な立場をとるエコノミストだけでなく、楽観的な立場のエコノミストからも聞こえてくる。最近のGDP統計に対する批判的な論調は、大きく分けると二つの観点からなされているように思われる。

まず第一の観点は、現在のGDP統計がその本来の概念に合致するように正確に測られているのかどうかというものである。GDPは一国がどれだけ新たな付加価値を生み出したかを測るものであり、その値が増加すればするほど経済は成長していると考えることができる。しかし、GDPは、速報値から確報値にかけてしばしば大幅に改定されることが多い。また、ここ数年、さまざまな経済指標の動きとGDPの伸びとの間の関係が必ずしも明確ではなくなってきている。

日本経済の現状をどうみるかによって、デフレ脱却に向けた道筋も異なってくるだけに、GDPの誤差が大きい場合、問題は単なる「経済統計の正確さ」に関する議論だけではとどまらなくなってくる。

GDP統計は、国民経済計算（SNA、System of National Accounts）として、いまから半世紀以上も前にその体系が整備されたものであり、その後、大幅改定されてきたとはいえ、急速に変化する時代の流れに十分に対応しきれていないのが実情である。

体系の整備がはじまった当時には、まったく想定することができなかった財・サービスが、今日、さまざまな形で取引されるようになっている。そういった新しい取引を既存の統計体系に齟齬のない形で組み込んでいくのは、決して簡単な作業ではない。特に、サービスなど形のないものの付加価値をいかに測るかは、難しい問題である。

確かに、サービスの向上によって市場価値が上昇する限り、その上昇分を付加価値の増加として捉えることは可能である。しかし、サービスにはさまざまなものがあり、その異質性をうまく取り除いて価値を計測することは決して容易な作業ではない。加えて、本当に良いサービスに高い価格がついているのか、市場価格では表せないサービスをどう測るか、といった問題も存在する。

また、近年では、ビジネス環境や生活スタイルの変化を反映して、企業や家計が政府の統計調査に対して協力してくれる度合いも低下している。その結果、個々人に依頼して調査票を記載してもらうことでデータを収集する従来型の統計作成方法は限界に達しており、その精度も低下している。その一方で、統計の精度を高めようとすれば、通常、大きなコストがかかる。このため、限られた予算のなかでいかに正確な統計をつくるかというジレンマに直面している。

「豊かさ」を捉える試み

第二の観点は、現在のＧＤＰの概念が、一国の真の豊かさを測る指標として本当に適切なのかというものである。

一般に、真の「豊かさ」とは何かは、その人の価値観によって大きく左右されるものである。特に、「豊かさ」には、ＧＤＰが主に測ろうとしている「物質的な豊かさ」だけでなく、「精神的な豊かさ」も含まれると考えられる。

戦後の著しい復興、科学技術の進展は、わが国に大きな「物質的な豊かさ」をもたらした。しかし、経済が発展し、成熟化すると、人々は「物質的な豊かさ」に加えて、「精神的な豊かさ」を求める傾向が高まる。もちろん、「精神的な豊かさ」に関しても、人々がそれを市場の取引を通じて得ている場合には、ＧＤＰは、その価値を市場価値として捉えることができる。一方、それがボランティア活動など市場を通じない形で享受される場合や、自然環境のように市場価値が精神的な満足度を反映しない場合、ＧＤＰは真の「豊かさ」を捉える指標としては不完全なものとなる。

ＧＤＰ統計では、伝統的に「市場」という概念を重視し、市場で取引される財・サービスの価値が高いかどうかで「豊かさ」を捉えてきた。しかし、世の中には、市場価値では測れない「豊かさ」が数多く存在することも事実である。

一国が生み出す付加価値を捉える指標として、ＧＤＰ統計の精度を高めることは、その信頼性という観点から重要なことである。ただ、いくらＧＤＰの精度を高めても、人々が「豊かさ」を実感できなければ、ＧＤＰ統計は一国の豊かさを測る代表的な指標とはいえなくなってしまう。

このような批判に応えるべく、これまでにも、ＧＤＰに代わる指標は数多く提案されてきた。

たとえば、１９７２年にノードハウスとトービンの二人の経済学者は、市場で取引される財・サービスだけでなく、人間の福祉に影響を及ぼすあらゆる要素を含めた社会指標として、経済純福祉（Measures of Economic Welfare）という概念を提唱した。

これは、国民生活により密着した福祉指標として、教育、医療、保健などのサービス分野や余暇、それに無償労働も加えて評価し、ＧＤＰを強化、補完しようとした試みであった。日本でも、１９７３年にこの考え方を取り入れて、従来の国民所得の概念を修正し、環境汚染や余暇時間による国民福祉への影響などの把握に焦点を当てた国民純福祉が、政府関係機関から公表された。

その後も、国連開発計画（UNDP）の「人間開発指数（Human Development Index）」や英国ニュー・エコノミクス財団（New Economic Foundation）の「世界幸福度指数（Happy Planet Index）」、OECDによる「より良い暮らし指標（Your Better Life Index）」、ブータン王国の国王が提唱した「国民総幸福量（Gross National Happiness）」など、さまざまな指標が提案され、公表されている。

これらの指標はいずれも、衣食住だけでなく、心理的幸福、医療、教育、寿命、文化、環境なども考慮し、環境破壊はマイナス、平均余命はプラスとするなど、生活の質や幸福度を評価した興味深い試みといえる。GDPが物質主義的な側面での「豊かさ」を数値化するのに対して、これらの指標は精神面での豊かさを数値化した試みといえる。

しかし、これらの指標はいずれも、「豊かさ」を捉える指標として、GDP統計にとって代わるだけの幅広い支持を得ているとは言い難い。なぜなら、真の「豊かさ」に対する考え方は千差万別であり、個々人の価値観によって大きく異なるからである。

市場価値では測れない「豊かさ」が数多く存在することは事実であるとして、それを包括的に数値化して捉えることは決して容易なことではないといえる。

実りある議論のために

ＧＤＰは、産業構造や生活スタイルが大きく変化するなかで、近年ではその誤差はこれまで以上に大きなものとなっている。また、経済が成熟化し、人々が物質的な豊かさだけでなく精神的な豊かさを求めるようになるにつれて、ＧＤＰは真の「豊かさ」を測る理想的な指標ではなくなりつつある。

このため、ＧＤＰのような統計を使って長期停滞を論ずる際には、その限界を十分に認識し、一定の幅をもって数値をみる視点が必要で、公表された値の1パーセント未満の変化率に毎期一喜一憂することは生産的ではない。

他方、誰もが受け入れる「豊かさ」に関する代替的な指標が存在していない現状では、次善の策としてＧＤＰに依拠しながら、一国の経済が停滞しているのかどうかを判断していかなければならないのも事実である。われわれは、これからもＧＤＰを一国の豊かさを測る代表的な指標として用いていかざるを得ないのである。

そうしたなかで重要と思われるのが、ＧＤＰやそれに関連する経済指標を多角的にみる視点である。

たとえば、ＧＤＰは、生産、支出、分配（所得）の三つの側面から測ることが可能であり、理論的にはそれらの値はすべて等しくなるはずである。しかし、実際には、どの側面からＧＤＰを測るかでその値は大きく異なることがある。このため、三つの側面から独立してＧＤＰを計測し、それぞれの値や内訳を比較検討することは、適切な政策判断を行う上での一つの有用な方法といえる。

長期停滞が懸念されるなかでも、近年のマクロ経済データは、強い経済指標と弱い経済指標が混在している。

真の日本経済の姿はどのようなものなのか。今後も多くの研究者やエコノミストが、より良いＧＤＰやそれに関連する経済指標の作成に向けて建設的な議論を重ね、多くの人々が納得する「豊かさ」の指標を構築していくことが、実りある政策論議を深めていく上では不可欠である。

「不都合な真実」に目を向けよう

伝統的な景気循環理論に従って景気の動向を測った場合、アベノミクスがはじまった２０１２年12月以降の景気拡大局面は、２０１７年９月で高度成長期の「いざなぎ景気」を超える戦後二番目の長さとなった。

雇用関連では、有効求人倍率がきわめて高く、人手不足が一段と強まっている。企業部門でも収益の大幅な増加が顕著で、それを反映して株価は大きく上昇している。回復が遅れ気味であったGDP（国内総生産）も、2016年以降は物価変動の影響を除いた実質ベースで増加が続き、民間予測では、2017年度の成長率が経済の実力を示す潜在成長率を大幅に上回るとの見通しが広がっている。

しかし、今日の日本経済を、これら力強い経済指標のみに注目して好循環にあると判断するのは、かなり短絡的である。なぜなら、同時に、依然として力強さに欠ける指標が数多く存在するからである。長期停滞が依然として懸念されるなか、経済の真の実力を理解する上では、これら「不都合な真実」から目を背けるべきではない。

労働市場では、強い雇用関連の指標が需給の逼迫や人手不足を示唆しているにもかかわらず、賃金の伸びは依然として勢いを欠いている。また、企業部門でも、企業の収益が増加すれば通常は増加するはずの設備投資が力強さを欠き、資金余剰は高止まりして現預金の積み上がりが続いている。

家計や企業に対する各種の調査では、「景気が本格的に回復しているという実感がない」という声は根強い。特に、「実感なき景気回復」は、依然として低いままのインフレ率に明確に反映されている。日銀が2パーセントのインフレ目標の実現に向けて異次元の超金融緩和政策を続けているにもかかわらず、消費者物価の本格的な上昇はみられない。

これらの弱い指標は、日本経済が需要不足の長期停滞にあるというサマーズ流の見方とむしろ整合的である。

中長期的な観点から日本経済を俯瞰しても、今後も急速に進行する少子高齢化や累積を続ける財政赤字の拡大など、事態は非常に深刻である。

わが国が、長期停滞から脱却して真の「豊かさ」を実現するには、このような「不都合な真実」に真摯に向き合う姿勢が重要である。力強い経済指標の存在は認めつつも、その一方で、なぜ、力強さに欠ける経済指標が同時に存在しているのかを真剣に考え、その原因を突き詰めて探求する姿勢が、21世紀型の長期停滞を考える上で重要なのである。

21世紀型の長期停滞は、さまざまな構造問題が複雑に絡み合って生まれたものであり、従来型の経済政策では決して解決できるものではない。それは、他の先進国よりはるかに長期停滞が持続している日本経済を考える上でより重要な視点である。長期停滞の持続性という点からすると、日本は先進主要国のなかで、もっとも低迷が深刻な国である。このため、わが国で必要となる処方箋は、同じように長期停滞が懸念される海外の主要国と同じ基準で考えることはできない。

長期停滞の背後にある構造的問題とは何かを慎重に見極め、その解決にターゲットを絞った改革が求められているのだろう。

あとがき

本書の執筆をほぼ終える段階となった２０１７年9月28日、「国難を突破するために国民の信を問う」として衆議院の解散が行われた。そして、10月22日に総選挙で安倍政権の経済政策「アベノミクス」の是非が争われた。

与党側は、日本経済が戦後二番目の長さの景気回復を実現しているとし、アベノミクスの成果を強調した。一方、野党側は、賃金が依然として伸び悩み、経済格差が広がっていることを指摘し、人々の間に景気回復の実感がないと主張した。

本書で取り扱った21世紀型の長期停滞の有無が、まさに政治的な論戦のテーマになっていたといえる。衆議院選挙は、結局、与党側の圧勝に終わり、形式的には「アベノミクスの成果」が支持されることとなった。株式市場は、与党の圧勝を歓迎し、選挙中からフィーバーモードであった。

しかし、冷静に考えてみれば、今回の選挙結果によって日本経済の実態が本質的に何ら変わったわけではなく、以前から多くの人々の間で共有されてきた「景気回復の実感がない」という違和感は、決して解消されたとはいえない。むしろ日本経済にとって、今回の選挙を一つの区切りとして、経済論争を政争の具にすることは終わりにして、本格的な経済論戦を国民全体ではじめる良い時期がまさに来ているといえるだろう。

21世紀型の長期停滞の症状は、かつて幅広く論じられてきた大不況や恐慌の症状とはまったく性質を異にするものであった。恐慌下で起こったような大幅なマイナス成長は発生していないし、市場メカニズムが完全に機能不全に陥ったということもない。その一方で、経済が需要不足にあるなかでも、背後に多くの構造問題が複雑に絡み合っていた。このため、日本経済が抱える構造問題を丁寧に解き明かし、その一つ一つを根気よく検証していくことが必要であった。本書でも、できる限りさまざまな角度から論じてきた。

ただ、限られた紙幅で、21世紀型の長期停滞が持つ多種多様な問題をすべて議論し尽くすことはできないことも事実である。この病巣は、それほど複雑で根が深い。

問題の解決を難しくしているのは、自覚症状があまり出ない慢性疾患のような側面があることにある。特に初期の慢性疾患では、誰にでもわかる深刻な症状が出ているわけではなく、医者に診てもらっても、どこも悪いところがないといわれることすらある。しかし、何となく体のだるさが続き、処方された薬を飲んでも一向に改善されない。

21世紀型の長期停滞は、そのような慢性疾患と共通の特徴を持っているといえる。慢性疾患に気づき、早期に治すのが難しいのと同様に、それに対する正答を簡潔に導き出すことは決して容易ではない。ただ、慢性化しつつある長期停滞をニュー・ノーマル（新常態）として受け入れ、それからの脱却を不可能とあきらめてしまうのはまだ早いのだ。

本書で展開した議論によって、日本経済が長期停滞から脱却するために、どうすべきかを多くの方々に考えていただくきっかけをつくることができたならば、本書の目的はおおむね達成できたといえるだろう。

執筆するにあたっては、国内外の大学関係者・研究者のみならず、政策担当者や実務家など数多くの方々との意見交換が有益であった。対象となる方々があまりにも多数に及ぶため、今回はあえて一人一人のお名前に言及することは差し控えることとしたいが、ここで改めてお礼を申し上げたい。

なお、本書を執筆する上での基礎となる研究を行うにあたっては、科学研究費補助金・基盤研究Ｂ（課題番号 26285044）、科学研究費補助金・挑戦的研究（萌芽）（課題番号 17K18557）、日本学術振興会・二国間交流事業「少子高齢化社会における移民政策の経済的影響」、および公益財団法人・二十一世紀文化学術財団「超金融緩和下の国際金融市場」の助成を受けた。記して感謝したい。

また、平凡社新書編集部の和田康成氏には、長期停滞論に関する出版のお誘いを早い段階でいただき、当初の予定を大幅に遅れた原稿を完成へと導いていただいた。厚く御礼を申し上げたい。

言うまでもなく、残されているかもしれない誤りは筆者自身にある。最後に私事となるが、幼少期から学ぶことの重要性を教えてくれた両親に本書をささげることとしたい。残念ながら二人とも本書の完成を待たずして他界してしまったが、両親の長年のサポートがあったからこそ、基礎となる研究を続けることができた。

２０１７年10月22日

福田慎一

参考文献

池尾和人（2013）『連続講義・デフレと経済政策――アベノミクスの経済分析』日経ＢＰ社
伊藤隆敏（2015）『日本財政「最後の選択」』日本経済新聞出版社
井堀利宏（2004）『日本の財政赤字』岩波書店
岩田一政・左三川郁子・日本経済研究センター編著（2016）『マイナス金利政策――３次元金融緩和の効果と限界』日本経済新聞出版社
岩田規久男・浜田宏一・原田泰編著（2013）『リフレが日本経済を復活させる――経済を動かす貨幣の力』中央経済社
岡崎哲二（2017）『経済史から考える――発展と停滞の論理』日本経済新聞出版社
翁邦雄（2015）『経済の大転換と日本銀行』岩波書店
川本卓司・尾崎達哉・加藤直也・前橋昂平（2017）「需給ギャップと潜在成長率の見直しについて」日本銀行調査論文
玄田有史編（2017）『人手不足なのになぜ賃金が上がらないのか』慶應義塾大学出版会
小峰隆夫（2017）『日本経済論講義――ビジネスパーソンの「たしなみ」としての』日経ＢＰ社
櫻川昌哉・福田慎一編著（2013）『なぜ金融危機は起こるのか――金融経済研究のフロンティア』東洋経

済新報社
田代毅（2017）『日本経済最後の戦略――債務と成長のジレンマを超えて』日本経済新聞出版社
内閣府（2014）『地域の未来ワーキング・グループ報告書』
内閣府（2017）「年次経済財政報告――技術革新と働き方改革がもたらす新たな成長」
西野孝佑・山本弘樹・北原潤・永幡崇（2016）「「総括的検証」補足ペーパーシリーズ（1）：「量的・質的金融緩和」の3年間における予想物価上昇率の変化」『日銀レビュー・シリーズ』16-J-17
早川英男（2016）『金融政策の「誤解」――〝壮大な実験〟の成果と限界』慶應義塾大学出版会
深尾京司（2012）『「失われた20年」と日本経済――構造的原因と再生への原動力の解明』日本経済新聞出版社
福田慎一（2013）『金融論――市場と経済政策の有効性』有斐閣
福田慎一（2015）『「失われた20年」を超えて』NTT出版
福田慎一（2017a）「長期停滞懸念下におけるマクロ経済――最近の議論のオーバービューと日本経済への含意」『経済分析』第193号（特別編集号）、pp.5-19
福田慎一（2017b）「企業の資金余剰と現預金の保有行動」『フィナンシャルレビュー』平成29年第4号（通巻132号）、pp.3-26
福田慎一（2017c）「人口減少がマクロ経済成長へ与える影響――経済成長理論からの視点」『経済分析』第196号（特別編集号）、pp.9-27
福田慎一・照山博司（2016）『マクロ経済学・入門 第5版』有斐閣

福田慎一・松林洋一（2013）「グローバル・インバランス」櫻川昌哉・福田慎一編著『なぜ金融危機は起こるのか――金融経済研究のフロンティア』東洋経済新報社、pp.199-221
宮川努（2005）『長期停滞の経済学』東京大学出版会
藻谷浩介（2010）『デフレの正体――経済は「人口の波」で動く』（角川 one テーマ21）角川書店
八代尚宏（2011）『新自由主義の復権――日本経済はなぜ停滞しているのか』中公新書
吉川洋（2013）『デフレーション――〝日本の慢性病〟の全貌を解明する』日本経済新聞出版社
吉川洋（2016）『人口と日本経済』中公新書
渡辺努編（2016）『慢性デフレ真因の解明』日本経済新聞出版社

Acemoglu, Daron and Pascual Restrepo (2016), "The Race between Machine and Man: Implications of Technology for Growth, Factor Shares and Employment". *NBER Working Paper* No.22252.

Acemoglu, Daron and Pascual Restrepo (2017a), "Robots and Jobs: Evidence from US Labor Markets". *NBER Working Paper* No.23285.

Acemoglu, Daron and Pascual Restrepo (2017b), "Secular Stagnation? The Effect of Aging on Economic Growth in the Age of Automation". *American Economic Review*: Papers & Proceedings 107(5): pp.174-79.

Bernanke, Ben S, (2005). "The Global Saving Glut and the U.S. Current Account Deficit". *The Homer Jones Lecture*, St. Louis, Missouri, on April 14, 2005.

Blanchard, Olivier, Eugenio Cerutti, and Lawrence Summers (2015), "Inflation and Activity: Two

Explorations and Their Monetary Policy Implications". *NBER Working Paper* No.21726.

Bloom, David E., David Canning, and Günther Fink (2010), "Implications of Population Aging for Economic Growth". *Oxford Review of Economic Policy*, 2010, Vol. 26(4), pp. 583–612.

Caballero, R., E. Farhi and P. Gourinchas (2016), "Global Imbalances and Currency Wars at the ZLB." *NBER Working Paper* No.21670.

Cochrane, J. H. (2001), "Long term debt and optimal policy in the fiscal theory of the price level," *Econometrica*, 69(1), pp.69–116.

Eggertsson, Gauti B. and Paul Krugman (2012), "Debt, Deleveraging, and the Liquidity Trap: A Fisher-Minsky-Koo Approach." *The Quarterly Journal of Economics*, 127(3), pp. 1469–1513.

Eggertsson, Gauti B. and Neil Mehrotra (2014), "A Model of Secular Stagnation". *NBER Working Paper* No.20574.

Eggertsson, Gauti B., Neil Mehrotra, and Lawrence H. Summers (2016), "Secular Stagnation in the Open Economy", *American Economic Review*, 106(5), pp. 503–507.

Eggertsson, Gauti B. and Michael Woodford (2013), "The Zero Bound on Interest Rates and Optinal Monetary." *Brookings Papers on Economic Activity*, (1): pp.139–234.

Gordon, Robert (2016), *The Rise and Fall of American Growth*, Princeton University Press.

Hansen, Alvin (1939), "Economic Progress and Declining Population Growth". *American Economic Review*, 29(1): pp.1–15.

Joshua K., Hausman and Johannes F. Wieland (2014), "Abenomics: Preliminary Analysis and Outlook". *Brookings Papers on Economic Activity*, Spring 2014, pp.1–76.

Jones, Charles I. and Dietrich Vollrath (2013), *Introduction to Economic Growth* (3rd Edition), W. W. Norton & Co. Inc: New York.

Krugman, Paul R. (1998), "It's Baaack: Japan's Slump and the Return of the Liquidity Trap". *Brookings Papers on Economic Activity*, 2: pp.137–205.

Lucas, Robert E. Jr. (2003), "Macroeconomic Priorities". *American Economic Review*, 93(1): pp.1–14.

Maddison, Angus (2007), *Contours of the World Economy 1–2030 Ad: Essays in Macro-economic History*, Oxford University Press（邦訳『世界経済史概観 紀元1年～２０３０年』アンガス・マディソン著／政治経済研究所訳、岩波書店、２０１５年）.

Mian, Atif and Amir Sufi (2014), *House of Debt: How They (And You) Caused the Great Recession, and How We Can Prevent It from Happening Again*, University of Chicago Press（邦訳『ハウス・オブ・デット』アティフ・ミアン／アミール・サフィ著／岩本千晴訳、東洋経済新報社、２０１５年）.

Piketty, Thomas (2014), *Capital in the Twenty-First Century*, Belknap Press: An Imprint of Harvard University Press（邦訳『21世紀の資本』トマ・ピケティ著／山形浩生、守岡桜、森本正史訳、みすず書房、２０１４年）.

Romer, Paul M. (1990), "Endogenous Technological Change". *Journal of Political Economy*, vol. 98, No. 5, part 2, pp. 71–102.

Sims, C.A. (2016), "Fiscal policy, monetary policy and central bank independence"（ジャクソンホール会議（２０１６年８月）における講演）.

Solow, Robert M. (1956), "A Contribution to the Theory of Economic Growth". *Quarterly Journal of Economics*. 70(1): pp.65-94.

Summers, Lawrence H. (2014), "U.S. Economic Prospects: Secular Stagnation, Hysteresis, and the Zero Lower Bound". *Business Economics*, 49(2): pp.65-73.

【著者】
福田慎一（ふくだ しんいち）
1960年石川県金沢市生まれ。東京大学大学院経済学研究科教授。84年、東京大学経済学部経済学科卒業。イェール大学大学院（Ph.D.）などを経て現職。研究テーマはマクロ経済学、国際金融、金融。おもな著書に『金融論——市場と経済政策の有効性』『金融システムの制度設計——停滞を乗り越える、歴史的、現代的、国際的視点からの考察』（編著、以上、有斐閣）、『「失われた20年」を超えて』（NTT出版）などがある。

平凡社新書863

21世紀の長期停滞論
日本の「実感なき景気回復」を探る

発行日——2018年1月15日　初版第1刷

著者———福田慎一
発行者——下中美都
発行所——株式会社平凡社
東京都千代田区神田神保町3-29　〒101-0051
電話　東京（03）3230-6580［編集］
東京（03）3230-6573［営業］
振替　00180-0-29639
印刷・製本—株式会社東京印書館
装幀———菊地信義

ISBN978-4-582-85863-1
NDC 分類番号332.1　新書判（17.2cm）　総ページ224
平凡社ホームページ　http://www.heibonsha.co.jp/